AI 데이터 분석

인공지능총서

인공지능 시대입니다. 기계가 인간의 인지를 대신하고, 사물이 인간을 통하지 않고 다른 사물과 직접 커뮤니케이션합니다. 이에 따른 인간 삶과 문명 변화를 정확히 이해·예측·대응하는 것은 이 시대 우리 모두의 과제입니다. 인공지능총서는 인공지능 기술과 환경의 여러 주제를 10가지 키워드로 정리합니다. 관련 개념과 이론, 학계와 산업계의 쟁점, 우리 일상의 변화를 다룹니다. 인간과 기술의 현재, 미래를 세심히 분석합니다.

일러두기

- 인명, 작품명, 저서명, 개념어 등은 한글과 함께 괄호 안에 해당 국가의 원어를 병기했습니다.
- 외래어 표기는 현행 어문규정의 외래어표기법을 따랐습니다.
- 특별히 구분하지 않은 이상 AI는 생성형 AI를 지칭합니다.
- 본문에 사용된 데이터 파일 및 문서 파일은 구글 드라이브에서 다운로드 가능합니다. https://bit.ly/4fTTmGJ

처음이세요?

전문가세요?

AI 데이터 분석

구자룡

대한민국, 서울, 커뮤니케이션북스, 2024

AI 데이터 분석

지은이 구자룡
펴낸이 박영률

초판 1쇄 펴낸날 2024년 11월 20일

커뮤니케이션북스(주)
출판 등록 2007년 8월 17일 제313-2007-000166호
02880 서울시 성북구 성북로 5-11
전화(02) 7474 001, 팩스(02) 736 5047
commbooks@commbooks.com
www.commbooks.com

ISBN 979-11-7307-182-9 03500

책값은 뒤표지에 표시되어 있습니다.

차례

누구나 할 수 있는 AI 데이터 분석

어느 날 자고 일어나니 인공지능(Artificial Intelligence, AI) 세상이다. 영화에서 보던 상상의 세계가 현실이 되고 있다. 이런 AI 세계에서 누구나 할 수 있는 일은 바로 AI를 도구로 사용하는 것이다.

한마디로 AI는 도구다. 이전 시대와 다른 점은 AI도 도구를 이용한다는 것이다. 인간만이 도구를 이용하는 시대에서 AI도 도구를 이용하는 시대로 패러다임이 바뀌고 있다.

데이터 분석에 국한해서 말하면, 인간은 파이썬(Python, 데이터 분석, 웹 개발, 인공지능 등 다양한 분야에서 사용되는 프로그래밍 언어)이란 도구를 이용해 데이터 분석을 할 수 있다. AI, 특히 생성형 AI(Generative AI, GenAI)는 인간이 사용하는 도구인 파이썬을 데이터 분석 도구로 사용한다.

전문적인 데이터 분석가가 아닌 일반인의 관점에서 보면, 수개월을 공부해도 잘 하지 못하는 파이썬 코딩을 AI는 순식간에 작성해 준다. 그것도 스스로 오류를 수정

(디버깅, debugging)하면서 주어진 문제를 해결한다. AI 시대에 AI를 활용해 데이터 분석을 하는 것은 선택이 아니라 필수다. 그런데 왜 데이터 분석을 해야 할까?

데이터 분석이 필요한 이유

오늘날 우리는 데이터의 홍수 속에 살고 있다. 스마트폰, 사물 인터넷(Internet of Things, IoT, 각종 사물에 센서와 통신 기능을 내장해 인터넷에 연결하는 기술) 기기, 소셜 미디어 등 다양한 출처에서 끊임없이 데이터가 생성되고 있다.

이러한 방대한 양의 데이터는 그 자체로는 의미가 없지만, 적절한 분석을 통해 인사이트(Insight, 통찰, 즉 사물을 훤히 꿰뚫어 봄)를 얻을 수 있다. 이것이 바로 데이터 분석이 필요한 첫째 이유다. 예를 들어, 고객 데이터를 분석하면 소비자의 행동 패턴을 이해하고 이를 바탕으로 마케팅 전략을 수립할 수 있다. 또한 재무 데이터 분석을 통해 비용 절감의 기회를 찾거나 수익성을 개선할 방안을 도출할 수 있다.

둘째, 데이터 분석은 문제 해결과 혁신의 원동력이 된다. 복잡한 문제에 직면했을 때, 관련 데이터를 분석함으로써 문제의 근본 원인을 파악하고 효과적인 해결책을 도출할 수 있다. 예를 들어 의료 분야에서는 환자 데이터를 분석해 질병의 조기 진단 모델을 개발하거나 개인화된 치료법을 제시할 수 있다.

셋째, 데이터 분석은 미래를 예측하고 대비하는 데에도 중요한 역할을 한다. 과거와 현재의 데이터를 바탕으로 트렌드를 파악하고 미래를 예측함으로써, 기업은 시장 변화에 선제적으로 대응할 수 있다. 예를 들어 소매업체는 과거 판매 데이터를 분석해 수요 예측 모델을 만들고, 이를 바탕으로 재고 관리를 최적화할 수 있다.

넷째, 데이터 분석은 고객 경험을 개선하는 데 중요한 역할을 한다. 고객의 행동 데이터, 선호도 데이터 등을 분석해 개인화된 서비스를 제공함으로써 고객 만족도를 높이고 충성도를 높일 수 있다. 넷플릭스(Netflix)의 추천 시스템이나 아마존(Amazon)의 개인화된 상품 추천 등이 이러한 데이터 분석의 좋은 예다.

마지막으로, 데이터 분석은 사회 문제 해결에도 기여할 수 있다. 예를 들어 교통 데이터를 분석해 도시의 교통 체증을 줄이거나, 에너지 소비 데이터를 분석해 환경 문제에 대응하는 등 다양한 사회적 이슈에 대한 해결책을 제시할 수 있다.

정리하면, 데이터 분석은 더 나은 의사 결정, 문제 해결, 미래 예측, 고객 경험 개선, 사회 문제 해결 등 다양한 측면에서 필수적이다. 맥킨지(McKinsey & Company)의 보고서에 따르면, 데이터 중심의 조직은 그렇지 않은 조직에 비해 23배나 더 많은 고객을 확보하고, 6배 더 높은 고객 유지율을 보이며, 19배 더 높은 수익성을 달성한다고 한다. 데이터 분석이 비즈니스 성과에 직접적인 영향을 미친다는 것을 알 수 있다. 따라서 개인과 조직은 데이터 분석 능력을 키우고, 이를 효과적으로 활용하는 방법을 배워야 한다.

AI 데이터 분석을 하면 좋은 점

AI는 데이터 분석 분야에 혁명적인 변화를 가져오고 있다. 전통적인 데이터 분석 방법과 비교했을 때, AI를 활용한 데이터 분석은 여러 가지 장점을 제공한다.

첫째, AI는 대량의 데이터를 빠르게 처리하고 분석할 수 있다. 인간 분석가가 수동으로 처리하기 어려운 양의 데이터도 AI는 단시간 내에 분석할 수 있다. 특히 빅데이터 시대에 큰 장점이 된다. 예를 들어 소셜 미디어의 게시물 수백만 개를 분석해 브랜드 이미지나 고객 감성을 파악하는 작업을 AI는 빠르게 수행할 수 있다.

둘째, AI는 복잡한 패턴을 인식하고 숨겨진 인사이트

를 도출할 수 있다. 인간의 눈으로는 쉽게 파악하기 어려운 데이터 간의 복잡한 관계나 패턴을 AI는 효과적으로 찾아낼 수 있다. 이는 예측 모델링이나 이상 탐지 등의 작업에서 특히 유용하다. 예를 들어 금융 거래 데이터에서 사기 패턴을 탐지하거나, 고객 행동 데이터에서 새로운 시장 기회를 발견하는 데 AI가 활용될 수 있다.

셋째, AI는 자연어 처리 능력을 통해 비정형 데이터를 효과적으로 분석할 수 있다. 전통적인 분석 도구들은 주로 정형화된 데이터를 다루는 데 특화되어 있지만, AI는 텍스트, 이미지, 음성 등 다양한 형태의 비정형 데이터도 분석할 수 있다. 이는 고객 리뷰 분석, 이미지 기반 품질 관리, 음성 데이터 분석 등 다양한 분야에서 활용될 수 있다.

넷째, AI는 가설 설정과 검정을 자동화할 수 있다. 전통적인 데이터 분석에서는 인간 분석가가 가설을 세우고 이를 검증하는 과정을 거쳤지만, AI는 데이터를 바탕으로 자동으로 다양한 가설을 생성하고 검정할 수 있다. 이는 인간이 미처 생각하지 못한 새로운 인사이트를 발견하는 데 도움이 된다.

다섯째, AI는 데이터 분석 결과를 이해하기 쉬운 형태로 제시할 수 있다. 복잡한 통계나 그래프 대신 자연어로

된 설명이나 시각화된 결과를 제공함으로써 비전문가도 쉽게 이해할 수 있는 형태로 분석 결과를 전달할 수 있다. 이는 데이터 기반 의사 결정을 조직 전체로 확산하는 데 도움이 된다.

마지막으로 AI는 데이터 분석의 민주화를 촉진한다. 복잡한 프로그래밍이나 통계 지식 없이도 자연어로 질문을 던지고 답변을 받을 수 있어, 데이터 과학자가 아닌 일반 사용자도 데이터 분석을 수행할 수 있게 된다. 이는 조직 내 데이터 기반 문화를 확산하는 데 기여한다.

이상과 같이 AI를 활용한 데이터 분석은 속도, 정확성, 효율성, 통찰력 등 다양한 측면에서 큰 장점을 제공한다. 이는 기업과 조직이 더 나은 의사 결정을 내리고, 경쟁 우위를 확보하며, 혁신을 추진하는 데 큰 도움이 될 것이다. 따라서 앞으로 데이터 분석 분야에서 AI의 활용은 더욱 확대되고 중요해질 것으로 예상한다. 이에 따라 기업과 개인은 AI를 활용한 데이터 분석 역량을 키우는 데 투자해야 할 것이다.

데이터 분석에 유용한 AI 도구들

데이터 분석이 가능한 AI 도구들이 계속해서 발전하고 있다. 여기서는 현재 사용 가능한 주요 AI 도구들을 소개하고, 각각의 특징과 장단점을 살펴본다.

챗GPT(ChatGPT)

오픈AI(OpenAI)에서 개발한 챗GPT는 가장 널리 알려진 AI 중 하나다. GPT(Generative Pre-trained Transformer) 모델을 기반으로 하며, 자연어 처리 능력이 뛰어나다. 좀 더 깊이 있는 데이터 분석을 위해서는 챗GPT 플러스로 업그레이드(유료/월 20달러, 2024년 기준)를 해야 한다. 이때 고급 데이터 분석(ADA, Advanced Data Analysis, 이전 명칭은 Code Interpreter) 기능을 이용할 수 있다(무료로도 이용할 수는 있으나 사용 제한으로 제대로 된 분석이 어렵다).

장점을 살펴보면 우선 사용자 친화적인 인터페이스로 쉽게 접근 가능하다. 또한 다양한 주제에 대한 폭넓은 지식 베이스를 가지고 있다. 파이썬 코드 생성 및 디버깅 능력도 있다. 복잡한 작업 수행도 가능하다. 스프레드시트, 텍스트, 이미지, PDF 등 다양한 종류의 데이터를 사용할 수 있다. 그리고 데이터 분석 관련 질문에 대한 상세한 설명을 제공한다.

반면 직접적인 데이터 처리나 시각화 기능은 제한적이라는 점이 단점이다. 시각화 차트에서 한글이 깨지는 현상이 있다(해당 라이브러리와 한글 폰트를 업로드해 가상 환경에 설치하면 정상 출력이 된다). 그리고 대규모 데이터 세트(Data set, 특정한 작업을 위해 데이터를 관련성 있게 모아놓은 데이터들의 집합체)를 처리하는 데는 적합하지 않다.

챗GPT(GPT-4/4o)는 복잡한 데이터 분석 프로젝트의 설계, 다양한 형태의 데이터 해석, 고급 통계 분석 등에 활용할 수 있다. 예를 들어 "시계열 데이터 분석을 위한 ARIMA 모델 코드를 파이썬으로 작성해 줘"와 같은 요청에 대해 상세한 코드와 설명을 제공할 수 있다.

제미나이(Gemini)

구글(Google)에서 개발한 제미나이는 LaMDA(Language Model for Dialogue Applications) 모델을 기반으로 하며 이전에는 바드(Bard)였다. 좀 더 깊이 있는 데이터 분석을 위해서는 제미나이 어드밴스드(Gemini Advanced)로 업그레이드(유료/월 29,000원/1개월 무료, 2024년 기준)해야 한다.

장점은 구글의 방대한 데이터베이스 접근이 가능하다는 점이다. 또한 실시간으로 정보가 업데이트된다. 다양한 구글 서비스와 연계 가능성이 높다. 구글 드라이브에서 데이터 파일을 불러오고 분석 결과물 중 테이블을 구글 시트에서 바로 열어 볼 수 있다.

하지만 아직 개발 초기 단계로 일부 기능이 제한적이다. 데이터 분석 특화 기능도 상대적으로 부족하다.

제미나이는 최신 데이터나 트렌드를 반영한 분석, 구글 서비스와 연계된 데이터 분석(예: 구글 트렌드 데이터 분석)에 활용할 수 있다.

클로드(Claude)

앤트로픽(Anthropic)에서 개발한 클로드는 윤리적 AI를 표방하며, 높은 정확성과 안전성을 자랑한다. 좀 더 깊이 있는 데이터 분석을 위해서는 클로드 프로(Claude Pro) 플랜(유료/월 20달러, 2024년 기준)이 필요하다.

장점으로 높은 정확성과 일관성이 있다. 윤리적 고려 사항을 반영한 응답을 잘한다. 긴 문장도 잘 처리하는 능력이 있다. 데이터 분석 관련 상세한 설명과 단계별 가이드를 제공한다.

단점이라면 챗GPT에 비해 상대적으로 인지도가 낮다. 일부 기능에서 접근이 제한적이다.

클로드는 복잡한 데이터 분석 프로젝트의 계획 수립, 윤리적 고려 사항이 필요한 데이터 분석(예: 개인정보처리), 긴 문서나 데이터 세트의 요약 및 분석에 활용할 수 있다.

여기에 제시한 AI 도구들 외에도 데이터 분석을 할 수 있는 코파일럿(Copilot), 퍼플렉시티(Perplexity), 줄리어스(Julius) 등이 있으며, 프레젠테이션 도구로 감마(Gamma) 등이 있다. 다양한 AI들이 계속해서 발전하고, 새로운 기능이 추가되거나 성능이 개선되고 있다. 이러한 AI 도구들은 각각 특징과 장단점이 있어, 사용 목적과 상황에 따라 적절한 도구를 선택하는 것이 중요하다. 이 책에서는 주로 챗GPT 플러스를 기준으로 설명하며, 프레젠테이션 슬라이드 제작은 감마로 설명한다.

데이터 분석이 가능한 AI 도구들은 데이터 분석가를 대체하는 것이 아니라 보완하는 역할을 한다. AI는 반복적인 작업을 자동화하고 복잡한 패턴을 발견하며 초기 분석 결과를 빠르게 제공할 수 있지만, 최종적인 해석과 의사 결정은 여전히 인간의 영역이다. 따라서 데이터 분석가는 이러한 도구들을 효과적으로 활용해 생산성과 분석의 질을 높이는 방법을 학습해야 할 것이다.

AI로 가능한 주요 데이터 분석 기법

AI는 다양한 데이터 분석 기법을 수행하거나 지원할 수 있다. 여기서는 AI를 활용할 수 있는 주요 데이터 분석 기법들에 대해 간단하게 살펴본다.

탐색적 데이터 분석

탐색적 데이터 분석(Exploratory Data Analysis, EDA)은 데이터 세트의 주요 특성을 파악하기 위한 초기 분석 과정이다.

AI는 데이터 요약(평균, 중앙값, 표준편차 등의 기술 통계량 계산), 데이터 시각화(히스토그램, 박스플롯, 산점도 등 다양한 차트 생성), 이상치 탐지(데이터 세트에서 비정상적인 값 식별), 그리고 상관관계 분석(변수 간의 관계 파악) 등을 지원한다.

예를 들어 사용자가 "이 데이터 세트의 EDA를 수행해줘"라고 요청하면, AI는 데이터의 기본 특성을 분석하고, 주요 통계량을 계산하며, 적절한 시각화 코드 등의 작업을 수행하거나 지원할 수 있다.

회귀 분석

회귀 분석(Regression Analysis)은 변수 간의 관계를 모델링하는 통계적 방법이다.

AI는 선형 회귀, 다중 선형 회귀, 로지스틱 회귀 등 다양한 회귀 모델을 제안하고 모델 적합도 평가(결정계수(R-squared), 평균제곱오차(MSE) 등의 지표 계산), 변수 중요도 분석(각 독립변수가 종속변수에 미치는 영향 평가), 그리고 예측 및 결과 해석 등을 지원한다.

예를 들어 "판매량 예측을 위한 다중 선형 회귀 모델을 만들어 줘"라는 요청에 대해, AI는 적절한 파이썬 코드를 생성하고 결과를 해석하는 방법을 제안할 수 있다.

분류

분류(Classification)는 데이터 포인트(data point, 관측값과 변수의 교차점)를 사전 정의된 범주로 할당하는 작업이다.

AI는 다양한 분류 알고리즘 제안(로지스틱 회귀, 의사결정트리, 랜덤 포레스트, 서포트 벡터 머신(SVM) 등), 모델 평가(정확도, 정밀도, 재현율, F1 점수 등의 성능 지표 계산), 특성 중요도 분석(분류에 중요한 특성 식별), 그리고 교차 검증 및 하이퍼파라미터 튜닝 방법 제안 등의 작업을 수행하거나 지원할 수 있다.

예를 들어 "고객 이탈 예측을 위한 의사결정트리 모델

을 구현해 줘"라는 요청에 대해, AI는 필요한 코드를 생성하고, 모델 평가 방법을 설명할 수 있다.

군집화 분석

군집화 분석(Clustering Analysis)은 유사한 특성을 가진 데이터 포인트들을 그룹화하는 기법이다.

AI는 다양한 군집화 알고리즘 제안(K-평균 군집화(K-means clustering), 계층적 군집화 등), 최적의 군집 수 결정(엘보우 방법, 실루엣 분석 등), 군집 시각화(2D 또는 3D 산점도, 덴드로그램 등), 그리고 군집 특성 해석 및 프로파일링 등의 작업을 수행하거나 지원할 수 있다.

예를 들어 "고객 세그먼테이션을 위한 K-means 군집 분석을 수행해 줘"라는 요청에 대해, AI는 필요한 코드를 생성하고 결과 해석 방법을 제안하는 등의 작업을 수행하거나 지원할 수 있다.

텍스트 데이터 분석

텍스트 데이터 분석(Text Data Analysis)은 비정형 텍스트 데이터에서 유용한 정보와 인사이트를 추출하는 기법이다.

AI는 텍스트 전처리(토큰화, 불용어 제거, 어간 추출

등), 감성 분석(텍스트의 긍정/부정/중립 감정 분류), 주제 모델링(LDA(Latent Dirichlet Allocation) 등을 이용한 주제 추출), 개체명 인식(텍스트에서 인명, 지명, 조직명 등 추출), 텍스트 요약(긴 문서의 핵심 내용 요약), 그리고 키워드 추출(문서에서 중요한 키워드 식별) 등의 작업을 수행하거나 지원할 수 있다.

예를 들어 “고객 리뷰 데이터의 감성 분석을 수행하고 주요 키워드를 추출해 줘”라는 요청에 대해, AI는 필요한 파이썬 코드를 생성하고 결과를 시각화하는 방법을 제안할 수 있다.

이와 같이 전통적인 통계 분석(Statistical Analysis)부터 머신러닝(Machine Learning, 기계 학습)까지 AI는 다양한 데이터 분석을 할 수 있다. 잘 활용하면 데이터 분석가의 강력한 도구가 될 수 있다. 하지만 AI를 보다 효과적으로 활용하기 위해서는 각 분석 기법에 대한 기본적인 이해와 비판적 사고 능력이 필요하다. AI와 인간 분석가의 협력을 통해 더욱 효율적이고 통찰력 있는 데이터 분석이 가능해진다.

이 책에서는 전문적인 데이터 분석가가 아닌 일반인이 주로 사용하는 분석 기법을 중심으로 소개하고자 한다. 데이터 수집부터 탐색적 데이터 분석, 통계적 가설 검정, 텍스트 데이터 분석, 시각화 분석 그리고 회귀 분석, 군집 분석 등 머신러닝에 이르기까지 총 10개의 아이템에 대해 챗GPT를 활용해 데이터 분석을 하는 방법에 대해 설명한다.

AI 데이터 분석을 할 때 주의할 점

AI는 데이터 분석 과정을 크게 개선할 수 있는 강력한 도구지만, 이를 효과적으로 활용하기 위해서는 몇 가지 주의해야 할 점들이 있다. 이러한 주의 사항들을 인지하고 적절히 대응함으로써 AI를 이용한 데이터 분석의 신뢰성과 효율성을 높일 수 있다.

데이터 품질 및 적합성 확인

AI는 주어진 데이터를 기반으로 분석을 수행하므로, 입력 데이터의 품질과 적합성이 매우 중요하다. 즉, 데이터의 완전성, 정확성, 일관성을 항상 확인해야 한다. 데이터의 출처와 수집 방법을 파악하고, 편향이 없는지 검토해야 한다. 분석 목적에 적합한 데이터인지 확인해야 한다.

따라서 데이터 전처리 과정을 철저히 수행하고, 이상

치나 결측치 처리 방법을 신중히 선택해야 한다. 데이터의 분포, 상관관계 등을 시각화해 전반적인 특성을 파악한다. 필요한 경우 사업 영역 전문가의 의견을 구해 데이터의 적합성을 검증한다.

AI 모델의 한계 인식

AI 모델은 매우 강력하지만, 여전히 한계가 존재한다. 이러한 한계를 인식하고 적절히 대응해야 한다. 즉, AI 모델의 학습 데이터에 따른 편향 가능성을 고려해야 한다. AI가 생성한 코드나 분석 결과가 항상 최적이거나 정확하지 않을 수 있다. AI 모델이 최신 정보나 특정 사업 영역의 전문 지식을 완벽히 반영하지 못할 수 있다.

따라서 AI가 제안한 분석 방법이나 결과를 비판적으로 검토하고, 필요한 경우 수정한다. 다양한 분석 방법을 시도하고 결과를 비교한다. 사업 영역 전문가의 검토를 받아 결과의 타당성을 확인한다.

결과 해석의 주의

AI가 제공하는 분석 결과는 항상 맥락과 함께 신중하게 해석해야 한다. 즉, AI가 제시하는 상관관계를 인과관계로 오해하지 않도록 주의해야 한다. 통계적 유의성과 실제적 중요성을 구분해야 한다.

따라서 다양한 각도에서 결과를 검증하고, 대안적 해석 가능성을 고려해야 한다. 통계적 결과뿐만 아니라 비즈니스 맥락을 고려해 해석해야 한다. 그리고 교차 검증 등의 방법을 통해 모델의 일반화 성능을 평가해야 한다.

기술적 한계 인식

AI는 강력하지만, 특정 기술적 한계가 존재한다. 즉, AI가 생성한 코드가 항상 최적화되어 있거나 오류가 없는 것은 아니다. 대규모 데이터 세트나 복잡한 계산이 필요한 경우, AI의 제안이 실행 가능하지 않을 수 있다. AI가 특정 라이브러리나 도구의 최신 버전을 반영하지 못할 수 있다.

따라서 AI가 생성한 코드를 실행하기 전에 항상 검토해야 한다. 사용하는 라이브러리와 도구의 최신 문서를 참조해 AI가 제안한 방법이 여전히 유효한지 확인해야 한다.

의사 결정의 책임

AI는 강력한 도구이지만, 최종 의사 결정의 책임은 여전히 인간에게 있다. 즉, AI의 분석 결과만을 근거로 중요한 의사 결정을 내리지 않도록 주의해야 한다. AI가 제시한 결과의 근거와 논리를 완전히 이해하지 못한 채로 수용하지 않아야 한다.

따라서 AI의 분석 결과를 하나의 참고 사항으로 여기고, 다른 요소들도 종합적으로 고려한다. 중요한 의사 결정을 하는 경우에는 반드시 인간 전문가의 검토와 승인을 거친다. AI의 분석 과정과 결과를 명확히 이해하고 설명할 수 있어야 한다.

이러한 주의사항들을 고려하면서 AI를 활용한다면, 데이터 분석의 품질과 신뢰성을 크게 향상시킬 수 있다. 따라서 AI의 능력을 최대한 활용하면서도 인간의 전문성과 판단력을 결합하는 것이 가장 이상적인 접근 방식이 될 것이다.

AI로 데이터 분석하는 방법

이 책에서는 생성형 AI 중에서 가장 많은 사람들이 사용하고 있는 챗GPT를 활용해 데이터 분석을 수행하고자 한다. 챗GPT 플러스(유료)에는 고급 데이터 분석(ADA) 기능이 있다. 특히 오픈AI에서 제공하는 'Data Analyst'는 데이터 분석에 특화된 GPT 모델(GPTs)이다. 현재까지 나와 있는 AI 중에서 데이터 분석에 가장 특화된 모델이라고 할 수 있다.

사용하는 방법은 간단하다. 챗GPT에 로그인한 다음, 왼쪽 사이드바에서 GPT 탐색을 클릭하면 챗GPT 팀에서 제공하는 GPT들을 볼 수 있다. 그중에서 'Data Analyst'를 클릭하면 바로 데이터 분석을 위한 채팅을 시작할 수 있다.

프롬프트 왼쪽 끝부분에 있는 파일 첨부 아이콘(클립 모양)을 클릭해 가지고 있는 데이터 파일을 업로드하고 필요한 분석을 요청하면 된다. 챗GPT는 데이터 분석을 위해 파이썬 코드를 스스로 작성하고 분석을 수행한 다음, 분석 결과를 제시해 준다. 이 결과를 보면서 필요한 추가 분석을 계속하면 된다. 챗GPT의 'Data Analyst' 관련 이미지와 사용 방법은 부록 1에 수록했다.

결론적으로, AI를 이용한 데이터 분석은 많은 장점을 제공하지만 동시에 신중한 접근이 필요하다. 데이터의 품질, AI 모델의 한계, 결과 해석의 주의, 의사 결정의 책임 등을 항상 염두에 두고, AI를 보조 도구로 활용하면서 인간의 전문성과 판단력을 결합하는 것이 바람직하다.

참고문헌

강국진(2023). 『인공지능이 할 수 있는 것, 할 수 없는 것』. 필로소픽.

구자룡(2024). 『데이터 마인드 기르는 습관』. 좋은습관연구소.

김덕진 · 서승완(2024). 『챗봇 2025 트렌드&활용백과』. 스마트북스.

김상균(2024). 『AI × 인간지능의 시대』. 베가북스.

김송규(2024). 『데이터는 예측하지 않는다』. 좋은습관연구소.

ChatGPT.
https://chatgpt.com/g/g-HMNcP6w7d-data-analyst

Gartner(2024). Over 100 Data, Analytics and AI Predictions Through 2030.

Kaplan, J.(2024). *Generative artificial intelligence: What everyone needs to know*. Oxford University Press. 정미진 옮김(2024). 『생성형 AI는 어떤 미래를 만드는가』. 한스미디어.

McKinsey & Company(2014). *Using customer analytics to boost corporate performance*. McKinsey's DataMatics 2013 survey.

01
AI 시장 조사 및 트렌드 분석

시장 조사와 트렌드 분석은 비즈니스 성공의 핵심이다. 시장 조사는 현재 시장 상황을 이해하여 경쟁력을 확보하고, 트렌드 분석은 미래 변화를 예측해 장기적 전략을 수립하는 데 중점을 둔다. AI를 활용하면 대규모 데이터를 신속하게 분석하고, 맞춤형 전략을 수립해 경쟁 우위를 확보할 수 있다.

AI와 1인 창업?

비즈니스의 시작: 시장 조사와 트렌드 분석

비즈니스의 성공은 정확한 시장 조사(Market Research)와 효과적인 트렌드 분석(Trend Analysis)에 달려 있다.

시장 조사는 특정 시장의 구조, 규모, 경쟁 상황, 소비자 행동 등을 이해하기 위해 수행된다. 이는 기업이 진입하고자 하는 시장에서 경쟁력을 확보하고, 잠재적인 기회를 발견하기 위한 첫걸음이다. 트렌드 분석은 시장의 변화와 발전 방향을 예측하여, 기업이 장기적으로 성공할 수 있는 전략을 수립하는 데 중요한 역할을 한다.

시장 조사와 트렌드 분석의 관계

시장 조사와 트렌드 분석은 서로 밀접하게 연결되어 있다. 시장 조사는 현재 시장의 상황을 이해하는 데 중점을 두며, 이를 통해 기업이 지금 당장 어떤 전략을 취해야 할지 결정하는 데 도움을 준다. 반면 트렌드 분석은 시장 조사를 바탕으로 미래의 시장 변화를 예측하고, 이에 대비하는 전략을 수립하는 데 중점을 둔다.

예를 들어 시장 조사를 통해 소비자의 현재 행동과 선호도를 파악하면, 트렌드 분석에서는 이러한 데이터를 기반으로 미래에 어떤 트렌드가 형성될지 예측할 수 있다. 이는 기업이 새로운 기회를 포착하고, 위험을 최소화하며, 경쟁사보다 한발 앞서 나갈 수 있도록 한다. 따라서 시장 조사와 트렌드 분석은 함께 활용될 때, 비즈니스의 현재와 미래를 모두 대비할 수 있는 강력한 도구가 된다.

시장 조사의 주요 방법과 절차

시장 조사는 다양한 방법과 절차를 통해 수행될 수 있으며, 기업의 목적과 필요에 따라 선택적으로 활용하면 된다. 주요 시장 조사 방법과 절차는 다음과 같다.

- 문헌 조사: 기존 연구 자료, 시장 보고서, 산업 보고서 등을 분석해 시장의 전반적인 상황을 파악한다. 이는 시장 진입 초기 단계에서 빠르고 저렴하게 시장에 대한 기초 정보를 얻는 데 유용하다.
- 설문 조사: 특정 소비자 그룹을 대상으로 설문지를 배포해, 소비자의 요구, 선호도, 구매 행태 등을 파악한다. 설문 조사는 대규모의 정량적 데이터를 수집하는 데 효과적이다.
- 심층 인터뷰: 소비자나 전문가를 대상으로 심층 인터뷰를 실시해 정성적인 데이터를 수집한다. 이를 통해 소비자의 감정, 동기, 행동의 배경을 깊이 있게 이해할

수 있다.

- 포커스 그룹: 다양한 배경을 가진 사람들(보통 6~8명)을 한자리에 모아 특정 주제에 대해 토론하게 하여, 집단 내 상호작용을 통해 다양한 의견을 도출한다.
- 경쟁 분석: 경쟁사의 전략, 제품, 시장 점유율 등을 분석하고 자사의 경쟁력을 강화할 수 있는 방법을 모색한다.
- 데이터 분석: 수집된 데이터를 통계적으로 분석해 시장의 구조와 소비자 행동을 이해하고 비즈니스 전략 수립에 필요한 인사이트를 도출한다.

트렌드 분석의 주요 방법과 절차

트렌드 분석은 시장에서 발생하는 변화를 예측하고 이를 바탕으로 기회를 포착하거나 위험을 예방하는 과정이다. 트렌드 분석의 주요 방법과 절차는 다음과 같다.

- 시계열 분석: 과거 데이터를 기반으로 시간에 따른 변화를 분석해 미래의 트렌드를 예측한다. 경제 지표, 판매 데이터, 소비자 행동 데이터를 통해 시장의 변화 패턴을 파악할 수 있다.
- 패턴 인식: 시장에서 반복적으로 발생하는 패턴을 식

별해, 이 패턴이 미래에도 지속될 가능성을 예측한다. 이 과정에서 머신러닝과 같은 기술을 활용할 수 있다.

- 소셜 미디어 분석: 소셜 미디어에서 발생하는 대화와 트렌드를 분석해 소비자의 관심사와 시장의 변화를 실시간으로 파악할 수 있다.
- 데이터 마이닝: 대량의 데이터를 분석해 유의미한 패턴이나 트렌드를 도출하는 과정으로, 미래의 시장 변화 예측에 매우 유용하다.

AI를 활용한 시장 조사와 트렌드 분석

AI는 대규모 데이터를 신속하게 분석하고, 인간이 쉽게 감지할 수 없는 패턴을 식별해 미래의 변화를 예측하는 데 뛰어난 능력을 발휘한다. 예를 들어 마케팅 담당자로서 건강기능식품에 대한 시장 조사와 트렌드 분석을 통해 신제품 개발을 위한 아이디어를 찾아야 한다. 이 과제에 대해 AI를 활용해 시장 조사와 트렌드 분석을 수행해 보자.

AI(여기서는 챗GPT)의 프롬프트에 필요한 분석을 요청하면 된다.

프롬프트

'건강기능식품'에 대한 한국 내 시장 현황을 분석해 줘. 참고 문헌의 출처를 제공해 줘.

ChatGPT

분석함

한국 내 건강기능식품 시장은 최근 몇 년간 급격히 성장하고 있습니다. (중략) 2022년 기준으로 이 시장의 규모는 약 6조 원에 달했으며, 이는 2020년의 5조 원 수준에서 연평균 9% 이상의 성장률을 기록한 것입니다(Daxue Consulting)(Tridge).

주요 성장 요인

고령화 사회: 한국의 인구가 고령화됨에 따라 면역력 강화, 장 건강 개선, 항산화 등 노화를 방지하거나 건강을 유지하기 위한 제품에 대한 수요가 급증하고 있습니다(K-Food Trade).

건강 인식의 변화: (중략) 2023년 조사에 따르면, 전체 가구의 81.2%가 최소한 한 번은 건강기능식품을 구매한 경험이 있으며, 전체 인구의 84.4%가 이를 섭취한 경험이 있습니다(Daxue Consulting).

주요 제품군: 한국 시장에서 가장 인기 있는 건강기능식품은 홍삼, 프로바이오틱스, 비타민 및 미네랄 제품입니다. 특히, 홍삼은 면역력 강화와 피로 회복에 대한 효능이 알려지며 계속해서 높은 인기를 유지하고 있습니다(K-FoodTrade)(Tridge).

결론

한국의 건강기능식품 시장은 고령화, 건강 인식의 강화, 그리고 코로나19로 인한 건강 관리의 중요성이 부각되면서 지속적인 성장이 예상됩니다. 이에 따라, 관련 산업은 국내산 원료를 활용한 제품 개발과 더불어, 혁신적인 기능성 식품의 발굴에 집중할 필요가 있습니다(Tridge).

이러한 트렌드를 기반으로 건강기능식품 분야에서 새로운 기회를 모색하는 것이 중요합니다.

이상의 결과에 만족하지 말고 추가적인 질문을 계속해서 분석자가 원하는 더욱 정교한 결과를 도출한 후 그 결과를 바탕으로 필요한 의사 결정에 활용하면 된다.

AI를 효과적으로 활용하기 위해서는 적절한 '프롬프트 엔지니어링' 능력이 필요하다. 프롬프트(Prompt)란 AI에게 주는 지시나 질문을 말한다. 같은 작업이라도 프롬프트를 어떻게 구성하느냐에 따라 AI의 성능이 크게 달라질 수 있다. 따라서 데이터 분석가는 효과적인 프롬프트를 작성하는 능력을 키워야 한다.

시장 조사와 트렌드 분석 도구로서 AI

AI는 시장 조사와 트렌드 분석에서 혁신적인 변화를 가져오고 있다. AI의 고도화된 분석 능력은 대규모 데이터를 신속하고 정교하게 처리할 수 있으며, 인간이 놓칠 수 있는 미세한 패턴을 식별해 내는 데 뛰어나다. 그동안 검색엔진을 통해 자료를 찾고 읽고 이해하고 해석하던 지루한 과정이 일순간에 이루어질 수 있는 시대가 되었다.

또한 AI를 활용한 맞춤형 분석은 각 기업의 특성에 맞춘 전략 수립을 가능하게 한다. 연말만 되면 무슨 무슨 트렌드로 책자나 보고서 형태로 제시되고 있는 트렌드는 일시적인 유행이거나 트렌드 버즈(buzz, 마케팅을 위한 입소문)이지 우리 사업을 위한 미래 예측 트렌드가 아니다.

특정 소비자 그룹이나 제품군에 대해 심층적으로 분석함으로써, 우리 회사에 적합한 트렌드를 예측하고 경쟁에서 한 발 앞서 나갈 수 있는 전략을 마련해야 한다. 이를 위해 AI로 자사에 직접적으로 필요한 시장 조사와 트렌드 분석을 해야 한다. AI를 통해 업무 효율성을 크게 향상시키며, 기업의 성장 가능성을 높이는 데 기여할 수 있다.

참고문헌

구자룡(2024). 『데이터 마인드 기르는 습관』. 좋은습관연구소.

김선주 · 안현정(2024). 『트렌드 읽는 습관(개정증보판)』. 좋은습관연구소.

이명식 · 구자룡 · 양석준(2017). 『마케팅 리서치(개정판)』. 형설출판사.

ChatGPT. https://chatgpt.com/share/53e6f504-55de-4eb9-92b8-cca2ea5690f7

Daxue Consulting. https://daxueconsulting.com/south-korea-health-functional-foods/

K-FoodTrade. https://www.k-foodtrade.or.kr/brd/m_139/view.do?seq=546

Kotler, P., & Keller, K. L.(2021). *Marketing management*(16th ed.). Pearson. 안승호 외 옮김(2023). 『Kotler 마케팅 관리론(16판)』. 교문사.

Tridge. https://www.tridge.com/news/leading-the-global-health-functional-food-market-w

02
AI 조사 설계 및 설문 조사

조사 설계와 설문 조사의 목적은 문제를 명확히 정의하고, 이에 맞는 데이터를 체계적으로 수집해 신뢰할 수 있는 분석 결과를 얻는 것이다. 체계적인 질문지를 통해 정확하고 유용한 데이터를 확보하고, 이를 비즈니스 전략으로 연결하는 것이 핵심이다. AI와 온라인 도구를 활용해 효율성을 높이되, 인간의 통찰력과 전문성을 결합해 최적의 결과를 도출해야 한다.

AI와 MBTI?

문제 해결을 위한 설문 조사

일반적으로 시장과 소비자의 전반적인 특성을 파악하기 위해 기존 자료, 즉 2차 자료를 수집해 시장 조사와 트렌드 분석을 먼저 수행한다.

이를 바탕으로 보다 정확한 정보를 얻기 위해 주어진 과제(문제)에 대한 1차 자료, 즉 직접 데이터를 수집하게 된다. 대표적인 방법이 질문지를 이용한 설문 조사(Survey)다.

조사 설계와 데이터 수집

목적에 맞는 데이터를 수집하기 위해 체계적으로 계획을 세우는 과정이 필요한데, 이를 조사 설계(Research Design)라고 한다.

이 과정에서 가장 중요한 단계는 문제 정의다. 문제를 명확히 정의하지 않으면, 이후의 모든 과정에서 오류가 발생할 수 있다. 문제 정의를 바탕으로 어떤 질문을 할지, 누구를 대상으로 할지, 어떤 방법으로 데이터를 수집할지를 결정하게 된다.

조사 설계에서 또 하나 중요한 요소는 조사 방법의 선택이다. 조사 방법은 크게 탐색적 조사, 기술적 조사, 인과적 조사로 나눌 수 있다. 탐색적 조사는 조사 초기에 문제를 명확히 이해하기 위해 사용되며, 주로 정성적 방법이 사용된다. 기술적 조사는 현상이나 문제를 구체적으로 설명하는 데 초점을 맞추며, 주로 설문 조사와 같은 정량적 방법을 활용한다. 인과적 조사는 변수 간의 인과관계를 분석하기 위한 조사로, 실험 설계가 주로 사용된다.

조사 설계가 완료되면, 이제 데이터 수집 단계로 넘어간다. 계획한 대로 데이터를 실제로 수집하는 작업을 진행한다. 질문지를 배포하거나 인터뷰를 진행하며, 실험을 통해 데이터를 얻기도 한다. 응답자에게 쉽게 이해할 수 있는 질문을 하고, 그들이 성실하게 답변할 수 있도록 해야 한다.

질문지 작성의 핵심 원칙

질문지(Questionnaire)는 데이터 수집의 핵심 도구다. 잘 설계된 질문지는 정확하고 유용한 데이터를 수집할 수 있게 해 주며, 이는 곧 신뢰할 수 있는 분석 결과로 이어진다. 다음은 효과적인 질문지 작성을 위한 주요 원칙들이다.

• 응답자가 쉽게 이해할 수 있도록 간단명료한 단어를

사용해야 한다. 전문 용어나 모호한 표현은 피하고, 필요한 경우 용어에 대한 설명을 제공한다.

- 하나의 질문에 하나의 주제만 다루어야 한다. 예를 들어, "강사의 전문성과 강의 스킬에 대해 어느 정도 만족하십니까?"와 같은 질문은 두 가지 요소를 동시에 묻고 있어 부적절하다. 이는 "강사의 전문성에 대해 …"와 "강사의 강의 스킬에 대해 …"로 분리해야 한다.
- 모든 가능한 응답을 포함하되, 선택지 간에 중복이 없어야 한다. 예를 들어 연령대를 묻는 질문에서 "20～30세", "30～40세"와 같이 중복되는 선택지는 피해야 한다. 대신 "20～29세", "30～39세"와 같이 구분해야 한다.
- 응답자의 답변을 특정 방향으로 유도하는 질문은 피해야 한다. 예를 들어 "우리 회사의 '훌륭한' 고객 서비스에 대해 어떻게 생각하십니까?"와 같은 질문은 편향된 결과를 초래할 수 있다.
- 질문의 순서도 응답에 영향을 줄 수 있다. 일반적으로 쉽고 간단한 질문부터 시작해 점차 복잡하거나 민감한 질문으로 넘어가는 것이 좋다. 또한 인구통계학적 질문(나이, 성별 등)은 주로 질문지의 마지막에 배치한다.

- 질문지가 너무 길면 응답자의 집중력이 떨어지고 중도 포기율이 높아질 수 있다. 따라서 꼭 필요한 질문만을 포함해 설문 시간을 10~15분 내외로 유지하는 것이 좋다.

AI와 온라인 도구를 활용한 조사 설계 및 설문 조사

AI 기술의 발전과 함께 조사 설계와 설문 조사 과정에서도 새로운 접근 방식이 등장하고 있다.

특히 챗GPT와 같은 대화형 AI 모델과 구글 폼(Google Forms, 구글 설문지)과 같은 온라인 설문 도구의 결합은 이 과정을 더욱 효율적으로 만들어 준다.

챗GPT를 활용한 질문지 초안 작성

챗GPT에 조사의 목적과 주요 질문을 입력하면, AI가 질문지의 초안을 작성해 준다. 이는 시간을 절약하고 다양한 관점을 제공받을 수 있는 좋은 방법이다.

예를 들어 "건강기능식품에 대한 소비자 인식 조사"라는 주제로 챗GPT에 질문지 작성을 요청하면 AI는 관련된 다양한 질문들을 제안해 준다. 챗GPT 프롬프트에 요청해 보자.

프롬프트

목표 : 건강기능식품 시장에서 소비자 요구, 경쟁 상황, 시장 트렌드를 파악해 신제품 출시 전략 수립

주요 질문:

– 소비자들이 건강기능식품에서 원하는 것은 무엇인가?

– 주요 경쟁 제품과의 차별화 요소는 무엇인가?

– 현재 시장 트렌드는 어떠한가?

조사 방법 : 구글 설문지를 이용해 온라인 조사

이런 내용으로 온라인 조사를 하려고 한다. 구글 설문지 폼에 맞게 설문지를 만들어 줘.

ChatGPT

분석함

건강기능식품 시장 조사에 맞추어 구글 설문지를 구성해 보았습니다. 설문지는 크게 네 가지 섹션으로 나눌 수 있으며, 각 섹션마다 소비자 요구, 경쟁 상황, 시장 트렌드를 파악할 수 있는 질문을 포함했습니다.

설문지 제목: 건강기능식품 시장 조사

섹션 1: 기본 정보

연령대 (단일 선택)

10대 이하

20대

30대

40대

50대

60대 이상

(중략)

섹션 5: 추가 의견

건강기능식품 관련하여 추가로 하고 싶은 말씀이 있으신가요? (서술형)

이 설문지를 통해 소비자들의 요구와 선호도, 시장의 주요 경쟁 제품과의 차별화 포인트, 그리고 현재 및 미래 시장 트렌드에 대한 인사이트를 얻으실 수 있을 것입니다.

챗GPT와 대화한 채팅 내용은 공유 URL에서 살펴볼 수 있다(https://buly.kr/15NEurI).

AI 제안 검토 및 수정

AI가 제안한 내용은 반드시 검토와 수정을 거쳐야 한다. AI는 때때로 문맥을 완전히 이해하지 못하거나, 특정 산업이나 문화에 특화된 내용을 놓칠 수 있기 때문이다.

구글 폼을 이용한 온라인 설문 제작

챗GPT로 만든 초안을 바탕으로 구글 폼에서 실제 질문지를 제작할 수 있다.

구글 폼은 다양한 질문 유형을 지원하며, 응답 필수 여부 설정, 질문 분기, 응답 검증 등의 기능을 제공한다. 예를 들어, "건강기능식품을 섭취하고 계십니까?"라는 질문에 "예"라고 답한 응답자에게만 추가 질문을 하도록 설정할 수 있다.

질문지 디자인 및 구성

구글 폼에서는 질문지의 외관을 맞춤화할 수 있다. 회사 로고를 추가하거나, 색상 테마를 변경하여 브랜드 이미지와 일치시킬 수 있다.

또한 섹션을 나누어 질문지를 구조화하고, 진행 표시줄을 추가해 응답자가 설문 진행 상황을 파악할 수 있다.

파일럿 테스트 실시

실제 조사를 시작하기 전에 소규모 그룹을 대상으로 파일럿 테스트를 실시하는 것이 좋다. 이를 통해 질문의 명확성, 설문 소요 시간, 기술적 문제 등을 확인하고 필요한 경우 수정할 수 있다.

이러한 과정을 거쳐 완성된 구글 설문지는 온라인에서 확인할 수 있다(https://bit.ly/3WNOeuU).

데이터 수집 및 기초 분석

구글 폼은 응답을 자동으로 수집하고 기초적인 통계 분석 결과를 제공한다. 이를 통해 실시간으로 응답 현황을 모니터링하고 초기 인사이트를 얻을 수 있다. 예를 들어, 각 질문에 대한 응답 분포를 차트로 확인할 수 있다.

데이터 내보내기 및 심층 분석

수집된 데이터는 CSV(Comma Separated Values, 표 형태의 데이터를 저장하는 파일 형식) 또는 엑셀(Excel) 파일 형식으로 내보낼 수 있어, 추후 더 심층적인 분석이 가능하다. 이 데이터를 통계 분석 소프트웨어나 AI 분석 도구에 업로드해 추가적인 분석을 수행할 수 있다.

이상의 과정에서 만들어진 질문지와 설문 조사 데이터 파일은 구글 드라이브에서 다운로드할 수 있다(https://bit.ly/4fTTmGJ).

조사 설계와 설문 조사는 이제 AI와 온라인 도구의 발전으로 더욱 효율적이고 정교해지고 있다. 하지만 여전히 인간의 통찰력과 전문성이 요구된다. 데이터를 수집하고 분석하는 기술적 능력과 함께, 그 결과를 비즈니스 맥락에서 해석하고 전략으로 연결시키는 능력이 오늘날의 현업 실무자들에게 요구되는 핵심 역량이다.

참고문헌

구자룡(2024). 『데이터 마인드 기르는 습관』. 좋은습관연구소.

김운태(2020). 『시장 조사 잘하는 습관』. 좋은습관연구소.

이명식 · 구자룡 · 양석준(2017). 『마케팅 리서치(개정판)』. 형설출판사.

ChatGPT. https://chatgpt.com/share/c9af8a53-aee7-493c-b15f-95977287fc2a

Google Drive. https://drive.google.com/drive/u/1/folders/11S5gB10RMo2ZNDCNu6-85AkshkDuwvK4

Google Forms. https://docs.google.com/forms/d/1oHwgh8nwDpCd16PRjekGBwrBzi5rF5BbLgSxTJp_ZdU/edit

03
AI 데이터 수집 및 데이터 전처리

데이터 수집과 전처리는 정확한 분석을 위한 필수적인 과정이다. AI 기술을 활용해 웹 스크래핑 및 데이터 전처리를 자동화함으로써 효율성을 높이고 비전문가도 쉽게 데이터를 다룰 수 있게 한다. 챗GPT를 통해 복잡한 코딩 없이 필요한 정보를 추출하고, 데이터를 정제해 분석에 활용할 수 있다.

AI와 난임 극복?

문제 탐색을 위한 2차 데이터 수집

현대 사회에서 데이터는 새로운 형태의 자원으로 인식된다. 기업과 조직은 데이터를 기반으로 의사결정을 내리고 전략을 수립한다. 설문 조사를 통한 1차 데이터 수집에 이어 이번에는 문제(과제) 탐색을 위해 2차 데이터를 수집하는 방법을 알아보자.

2차 데이터 수집의 대표적인 방법으로 공공데이터 활용과 웹 스크래핑(Web scraping)이 있다. 공공데이터는 정부와 공공기관이 생성하거나 획득해 관리하고 있는 데이터를 말한다. 국내에서는 공공데이터포털(data.go.kr)과 국가통계포털(kosis.kr) 등을 통해 다양한 분야의 데이터를 이용할 수 있다. 이 외에도 공공기관이 직접 운영하거나 민간 기관이 운영하는 데이터 거래소들도 있다.

웹 스크래핑은 웹사이트에서 필요한 정보를 자동으로 추출하는 기술이다. 이 방법은 실시간으로 변화하는 정보를 빠르게 수집할 수 있다는 장점이 있다. 예를 들어 온라인 쇼핑몰의 상품 가격 변동이나 소셜 미디어의 트렌드를 실시간으로 파악할 수 있다.

그러나 웹 스크래핑에는 주의해야 할 점도 있다. 웹사이트의 이용 약관을 위반하거나 저작권 문제가 발생할 수 있으므로, 법적, 윤리적 고려가 필요하다. 또한 웹사이트의 구조가 변경되면 스크래핑 코드도 수정해야 하는 등 유지 보수에 지속적인 노력이 필요하다.

최근에는 AI 기술을 활용한 웹 스크래핑 도구들이 등장하고 있다. 이러한 도구들은 복잡한 코딩 없이도 원하는 데이터를 쉽게 추출할 수 있게 해 주어, 데이터 수집의 문턱을 낮추고 있다. 예를 들어 리스틀리(Listly)는 크롬 확장 프로그램을 이용해 간편하게 클릭만으로 원하는 웹 데이터를 수집할 수 있다.

데이터 전처리: 분석 전 필수 과정

데이터를 수집했다고 해서 바로 분석에 들어갈 수 있는 것은 아니다. 수집된 데이터는 대부분 오류, 중복, 불일치, 결측치 등 여러 문제를 포함하고 있을 수 있다. 이러한 문제들을 해결하고 데이터를 분석 가능한 상태로 만드는 과정을 데이터 전처리(Data Preprocessing) 또는 데이터 클리닝(Data Cleaning)이라고 한다.

데이터 전처리의 첫 단계는 데이터의 구조와 내용을 파악하는 것이다. 각 변수의 의미와 형식을 확인하고, 이상치나 결측치의 패턴을 파악한다. 그다음으로 실제적인 클리닝 작업을 수행한다. 중복된 데이터를 제거하고, 일관성 없는 데이터를 수정하며, 결측치를 적절한 방법으로 처리한다.

예를 들어, 날짜 데이터가 다양한 형식으로 입력되어 있다면 이를 통일된 형식(YYYY-MM-DD)으로 변환해야 한다. 또한 숫자 데이터에 문자가 섞여 있다면 이를 정제해 숫자만 남겨야 한다. 결측치의 경우, 단순히 제거할 수도 있고 평균값이나 다른 적절한 값으로 대체할 수도 있다.

데이터 전처리는 시간이 많이 소요되는 지루한 작업일 수 있지만, 분석 결과의 신뢰성을 좌우하는 매우 중요한 과정이다. '쓰레기를 넣으면 쓰레기가 나온다(Garbage In, Garbage Out)'는 말처럼, 잘못된 데이터로는 올바른 분석 결과를 얻을 수 없다.

AI를 활용한 데이터 수집과 전처리

챗GPT와 같은 대화형 AI 모델은 데이터 수집과 전처리 과정을 더욱 효율적으로 만들어 주고 있다.

챗GPT-Data Analyst에서 웹 데이터 수집하기

복잡한 웹 스크래핑 코드를 직접 작성하지 않고도 챗GPT를 이용하면 원하는 데이터를 얻을 수 있다.

웹사이트의 HTML(Hypertext Markup Language, 웹

페이지와 그 내용을 구조화하기 위해 사용하는 코드) 코드를 챗GPT에 입력하고 원하는 정보만 추출해 달라고 요청하면, 챗GPT는 이를 분석해 필요한 데이터만을 정제된 형태로 제공해 준다.

특정 웹사이트에서 제품 정보와 가격을 추출하고 싶다면, 해당 페이지의 HTML 코드를 챗GPT에 제공하고 "이 페이지에서 제품명과 가격을 추출해 줘"라고 요청하면 된다.

예를 들어, 최근 1년 동안 판매량 기준으로 인기 있는 자동차 브랜드를 알고 싶다고 가정해 보자. 원하는 데이터가 있는 사이트에 접속(필요한 데이터가 있는 URL 확인. 여기서는 다나와자동차)해 최근 1년 기준으로 조회하고 이를 텍스트 파일(.txt)로 저장한다(automobile sales(23.07-24.06).txt). 이 파일을 챗GPT-Data Analyst의 프롬프트에 업로드하고 요청 내용을 작성하면 된다.

프롬프트

이 txt 파일은 자동차 판매 실적 테이블의 html이다. html 코드는 모두 제거하고 '순위, 모델, 판매량, 점유율, 이미지 url'만 추출하고 싶어. 데이터를 추출해서 csv 파일로 정리해서 다운로드할 수 있게 해 줘.

ChatGPT-Data Analyst

분석함

(중략)

HTML 코드를 제거하고 요청하신 데이터 '순위, 모델, 판매량, 점유율, 이미지 URL'를 추출하여 CSV 파일로 정리했습니다. 아래 링크를 통해 다운로드할 수 있습니다:

자동차 판매 실적 CSV 파일 다운로드

이런 과정을 통해 최종적으로 정리된 데이터 파일을 추가 분석에 활용하면 된다(automobile_sales_cleaned.csv).

챗GPT-Data Analyst에서 데이터 전처리하기

데이터 전처리를 위해 데이터 파일을 챗GPT에 업로드하고 특정 전처리 작업을 요청하면, 챗GPT는 이를 수행하고 결과를 보여 준다. 불필요한 열 제거, 데이터 타입 변경, 결측치 처리 등 다양한 클리닝 작업을 자연어로 요청할 수 있어 비전문가도 쉽게 데이터 전처리를 수행할 수 있다.

예를 들어, 건강기능식품 시장 분석을 위해 최근 5년간의 판매 데이터를 수집하고자 한다고 가정해 보자. 먼저, 국가통계포털(KOSIS)에서 '건강기능식품 매출액' 데이터를 찾아 다운로드한다(건강기능식품_매출액__국내_판매액_및_수출액_20240723113020.csv). 이 과정에서 CSV 파일 형식으로 다운로드하는 것이 좋다. CSV 파일은 다양한 분석 도구에서 쉽게 읽을 수 있기 때문이다.

다운로드한 데이터는 대개 바로 분석하기 어려운 형태로 되어 있다. 불필요한 행이나 열이 포함되어 있거나, 데이터 형식이 일관되지 않을 수 있다. 이때 데이터 전처리 작업이 필요하다.

먼저 다운로드한 데이터 파일을 챗GPT-Data Analyst의 프롬프트에 업로드하자. 그리고 전처리에 필요한 요청 사항을 프롬프트에 적으면 된다.

수집한 데이터에 대해 잘 모르면 단계별로 하나씩 순차적으로 진행하는 편이 좋은 선택이다. 처리 결과를 확인하면서 다음 필요한 내용을 요청해야 한다. 여기서는 편의상 요청 사항을 한 번에 제시한다.

프롬프트

이 데이터는 건강기능식품의 품목별 5년간 판매량 데이터다.

단계별로 수행해 줘.

이 데이터를 전처리해 줘.

'계' 행을 제거해 주고, '국내판매액'과 '수출액' 열을 제거해 줘.

칼럼명에서 '_매출액'을 제거해 줘.

'인덱스' 열을 제거하고, 연도별 칼럼 데이터는 정수 타입으로 바꿔 줘.

전처리된 파일을 다운로드할 수 있는 링크를 제공해 줘.

ChatGPT-Data Analyst

분석함

(여러 차례 스스로 오류 수정)

데이터 전처리가 완료되었습니다. 이제 전처리된 파일을 다운로드할 수 있습니다. 아래 링크를 통해 다운로드하세요:

전처리된 건강기능식품 판매 데이터 다운로드

이런 과정을 통해 전처리한 데이터 파일을 다운로드한 다음 추가 분석에 활용하면 된다(processed_health_supplements_sales.csv).

이상의 과정에서 만들어진 텍스트 파일, 수집한 데이

터 파일 그리고 전처리한 데이터 파일은 구글 드라이브에서 다운로드 가능하다. 전처리한 데이터의 일부는 부록 2와 부록 3에 수록했다.

데이터 수집과 전처리는 단순히 기술적인 문제가 아니라, 데이터를 통해 가치를 창출하고 의미를 발견하는 전체 과정의 시작점으로 매우 중요한 과정이다. 따라서 데이터 수집과 전처리 과정을 이해하고, 이를 효과적으로 수행할 수 있는 능력을 갖추는 것이 중요하다.

참고문헌

공공데이터포털.
https://www.data.go.kr/

구자룡(2024). 『데이터 마인드 기르는 습관』. 좋은습관연구소.

국가통계포털.
https://kosis.kr/statHtml/statHtml.do?orgId=145&tblId=DT_145010_009&conn_path=I3

다나와자동차: 자동차백과〉판매실적〉모델별.
https://auto.danawa.com/auto/?Work=record&Tab=Model&Month=2023-07-00&MonthTo=

리스틀리.
https://www.listly.io/ko

ChatGPT.
https://chatgpt.com/share/7c40dbfd-c041-4ed5-9304-8a

61110ecd07
Google Drive.
https://drive.google.com/drive/u/1/folders/11S5gB10RMo2ZNDCNu6-85AkshkDuwvK4

04
AI 탐색적 데이터 분석

탐색적 데이터 분석은 데이터를 깊이 이해하고 변수 간 관계와 패턴을 파악하는 과정이다. 주로 시각화와 기술 통계를 활용해 데이터의 특성을 파악하며, 잠재적인 문제를 미리 발견하고 분석 방향을 설정하는 데 중점을 둔다. AI 도구인 챗GPT를 통해 탐색적 데이터 분석을 더 쉽게 수행할 수 있지만, 기본적인 통계 개념에 대한 이해도 여전히 중요하다.

AI와 사주?

데이터 분석의 출발점: 탐색적 데이터 분석

탐색적 데이터 분석(EDA)은 데이터 분석 과정에서 가장 중요한 첫 단계다. EDA는 미국의 수학자이자 컴퓨터 과학자인 존 튜키(John Wilder Tukey) 교수가 제안한 방법으로, 빅데이터 시대가 되면서 그 중요성이 더욱 커지고 있다. 데이터 분석의 성공 여부는 이 초기 단계에서 데이터를 얼마나 깊이 이해하고, 그로부터 유의미한 인사이트를 얻어 내는가에 크게 좌우된다.

EDA는 데이터를 분석하기 전에 데이터의 주요 특성을 파악하고, 변수 간의 관계를 이해하며, 데이터에 내재한 패턴을 발견하는 일련의 과정이다. 이는 단순히 데이터를 들여다보는 것을 넘어, 본격적인 분석을 시작하기 전에 데이터의 잠재적인 문제점들을 미리 파악하고, 이를 해결하기 위한 방향성을 제시하는 역할을 한다.

탐색적 데이터 분석의 주요 단계

EDA는 주로 시각화 기법과 기술 통계 분석을 활용하며, 다음과 같은 단계를 통해 수행된다.

데이터 수집 및 정제

분석할 데이터를 수집하고, 데이터에 포함된 결측치나

이상치를 정제한다. 데이터의 품질을 높이기 위해 불필요한 데이터를 제거하거나 변환 작업을 수행하는 과정이다.

데이터의 결함을 미리 파악하고 수정하지 않으면 이후 분석 과정에서 왜곡된 결과를 도출할 수 있기 때문에 이 단계는 매우 중요하다.

데이터 구조 파악

변수의 분포와 데이터의 전반적인 구조를 이해하기 위해 데이터를 시각화하고 기술 통계 분석을 수행한다.

이 단계에서는 데이터의 전반적인 경향을 파악하고, 변수 간의 관계를 이해하는 데 중점을 둔다. 예를 들어 히스토그램을 사용해 변수의 분포를 확인하거나, 박스 플롯을 통해 이상치를 탐색할 수 있다.

기술 통계 분석

데이터의 기초 통계치를 계산해 데이터의 중심 경향과 변동성을 파악한다.

평균, 중앙값, 최빈값 등의 대표값을 통해 데이터를 요약하고, 표준편차와 분산 등을 통해 데이터의 변동성을 이해한다. 이를 통해 데이터의 전반적인 특성을 정량적으로 파악할 수 있다.

시각화

데이터를 그래프로 표현해 데이터의 분포와 패턴을 시각적으로 이해한다.

시각화는 데이터 분석에서 매우 중요한 역할을 하며, 데이터를 보다 직관적으로 이해하고 인사이트를 도출하는 데 도움을 준다. 시각화는 단변량 분석에서부터 다변량 분석에 이르기까지 다양한 수준에서 활용될 수 있다.

상관 분석 및 가설 설정

변수 간의 상관관계를 분석해 변수들 간의 연관성을 파악하고, 이를 바탕으로 분석 방향을 설정하거나 추가적인 가설을 수립한다.

상관 분석을 통해 어떤 변수들이 중요한 역할을 하는지 파악하고, 이들을 중심으로 향후 분석을 계획할 수 있다.

AI를 활용한 탐색적 데이터 분석

챗GPT와 같은 AI 도구는 탐색적 데이터 분석 과정에서 매우 유용한 도구로 활용될 수 있다.

예를 들어, 건강기능식품에 대한 설문 데이터를 분석한다고 가정해 보자. 이미 우리는 건강기능식품에 대한 신제품 탐색을 위해 온라인으로 '건강기능식품 소비자 요구 및 시장 트렌드 조사'를 진행하고 수집한 데이터가 있다. 여기서는 가상으로 수집한 데이터를 분석 가능하도록 전처리를 하고 엑셀 파일로 저장한 데이터 파일이 있다고 하자(health_functional_food_survey_data.xlsx).

챗GPT-Data Analyst에서 탐색적 데이터 분석하기

위의 엑셀 데이터 파일을 챗GPT-Data Analyst의 프롬프트에 업로드하고 EDA를 수행하면 된다. 간단하게 데이터 파일의 내용에 대해 설명하고 '탐색해 줘' 혹은 'EDA를 수행해 줘'라고 요청하면 된다.

프롬프트

제공한 데이터는 건강기능식품에 대한 소비자 요구 및 시장 트렌드를 조사한 설문 데이터다. 이 데이터로 탐색적 데이터 분석을 단계적으로 수행해 줘. 결과는 한글로 작성해 줘.

ChatGPT-Data Analyst

분석함

(중략)

데이터를 간략히 살펴보면, 이 설문 데이터는 건강기능식품에 대한 소비자 요구와 시장 트렌드를 조사한 내용으로 구성되어 있습니다. 주요 항목으로는 건강기능식품 섭취 여부, 섭취 제품, 섭취 이유, 빈도, 구매 시 중요 요소, 선호 원료, 정보 획득 경로 등이 포함되어 있습니다.

탐색적 데이터 분석(EDA)을 단계별로 수행하겠습니다.

(중략)

이번 분석을 통해 성별 및 연령대에 따라 건강기능식품에 대한 만족도가 다르게 나타나는 것을 확인할 수 있었습니다. 이러한 정보는 마케팅 전략을 수립할 때 유용하게 활용될 수 있습니다.

추가 분석이나 특정 부분에 대해 더 자세한 분석이 필요하시면 말씀해 주세요.

추가 분석을 하고 싶은 내용을 프롬프트에 계속 요청하면 된다. 예를 들어, "원자료에 대한 요약 통계 보여줘", "연령에 대한 박스플롯을 작성하고 그 의미를 해석해 줘", "연령대별 평균 만족도를 비교해 줘", "만족도와 중요도 변수 간의 상관관계 분석을 해 줘" 등과 같이 요청할 수 있다. 또한 챗GPT가 제안하는 프롬프트 내용을 클릭만 해도 추가 분석이 이루어진다.

이러한 추가 분석에 대한 결과의 일부는 부록 4에 수록했다.

챗GPT-Data Analyst에서 시각화 차트의 한글 처리

챗GPT로 데이터 분석을 했을 때 결과물 차트에서 한글이 깨지는 경우가 있다. 이 문제를 해결하려면 시각화 라이브러리(koreanize_matplotlib)와 한글 폰트 파일(NanumBarunGothic.ttf)을 프롬프트에 업로드하고 가상환경에 설치한 후 한글 처리를 요청하면 된다.

프롬프트

업로드한 koreanize_matplotlib-0.1.1-py3-none-any.whl 라이브러리를 가상환경에 설치하여 Matplotlib에서 한글 사용 환경을 설정하고 NanumBarunGothic.ttf 파일로 한글을 표현해서 다시 그려 줘. 그리고 모든 답변은 한글로 해 줘.

ChatGPT-Data Analyst

분석함

(중략)

위 그래프는 한글 폰트를 적용하여 다시 그린 성별, 연령, 건강기능식품 섭취 여부에 대한 분포를 보여줍니다. 이제 모든 텍스트가 한글로 표시되어 데이터 분석 결과를 더 쉽게 이해할 수 있습니다.

이와 같이 시각화 라이브러리와 한글 폰트는 새로 시작하는 세션(새 채팅)마다 설치해서 사용해야 한다. 챗GPT로 고급 데이터 분석을 하고자 한다면 처음부터 이 과정을 먼저 수행한 후 원하는 데이터 분석을 시작해도 된다. 오히려 더 편리하게 사용하는 방법이다.

이상의 과정에서 사용된 데이터 파일, 시각화 라이브러리 및 한글 폰트 파일은 구글 드라이브에서 다운로드 가능하다. 또한 챗GPT-Data Analyst에서 작업한 채팅 내역은 공유 URL을 통해 전체 내용을 볼 수 있다 (https://bit.ly/3X0XsEe).

탐색적 데이터 분석으로 데이터의 특성을 깊이 있게 이해하고, 이를 바탕으로 더 정확하고 의미 있는 분석을 수행할 수 있다. 챗GPT와 같은 AI 도구의 활용은 EDA 과정을 더욱 접근하기 쉽고 효율적으로 만들어 준다. 그러나 이러한 도구를 활용할 때도 데이터 분석의 기본 원리와 통계적 개념에 대한 이해는 여전히 중요하다는 점을 알고 있어야 한다.

참고문헌

구자룡(2024). 『데이터 마인드 기르는 습관』. 좋은습관연구소.
이명식 · 구자룡 · 양석준(2017). 『마케팅 리서치(개정판)』. 형설출판사.
황세웅(2023). 『데이터 분석가가 반드시 알아야 할 모든 것』. 위키북스.
ChatGPT. https://chatgpt.com/share/10b4f2d7-5f48-4d7a-ad0e-eb8c35e8284d
Gutman, A. J. & Goldmeier, J.(2021). *Becoming a data head: How to think, speak, and understand data science, statistics, and machine learning.* Wiley. 최재원 · 장진욱 옮김(2024). 『대격변 AI 시대, 데이터로 사고하고 데이터로 리드하라』. 책만.
Tukey, J. W.(1977). *Exploratory data analysis.* Addison-Wesley.

05
AI 통계적 가설 검정

통계적 가설 검정은 데이터 기반 의사 결정의 핵심 도구로, A/B 테스트 등 다양한 실무 분야에서 사용된다. 귀무가설과 대립가설을 설정해 데이터를 분석하며, 유의수준과 p값을 통해 가설의 진위를 판단한다. 챗GPT는 이 과정을 자동화하고 결과를 시각화해 신속하고 정확한 의사 결정을 지원한다.

AI와 아이돌?

데이터 기반 의사 결정을 위한 통계적 가설 검정

통계적 가설 검정(Statistical Hypothesis Test)은 통계적 추론의 한 방법으로, 주어진 데이터가 어떤 주장을 뒷받침하는지를 판단하는 데 사용된다. 이는 데이터를 통해 특정 가설이 참인지 거짓인지를 검토하는 절차다.

통계적 가설 검정은 귀무가설(Null Hypothesis, H_0)과 대립가설(Alternative Hypothesis, H_1)을 설정하는 것에서 시작된다. 귀무가설은 일반적으로 '차이가 없다' 또는 '효과가 없다'는 상태를 나타내며, 대립가설은 '차이가 있다' 또는 '효과가 있다'는 새로운 주장을 제기한다. 이 과정을 통해 데이터를 기반으로 한 결정을 내리며, 이는 과학적 연구와 실무에서 중요한 역할을 한다.

예를 들어, 마케팅 분야에서는 A/B 테스트가 대표적인 가설 검정의 사례다. A/B 테스트는 두 가지 시안(A안과 B안)을 무작위로 할당된 사용자 그룹에게 노출시켜 어느 쪽이 더 나은 성과를 내는지를 평가하는 방법이다. 이 과정에서 통계적 가설 검정을 통해 A안과 B안 간의 차이가 통계적으로 유의미한지를 판단할 수 있다. 대안이 세 가지인 경우에는 A/B/C 테스트라고 한다.

통계적 가설 검정의 절차

통계적 가설 검정은 추론 통계의 중요한 부분으로, 표본 데이터를 통해 모집단에 대한 결론을 도출하는 데 사용된다. 일반적으로 다음의 4단계 절차를 따른다.

가설 설정

먼저 귀무가설(H_0)과 대립가설(H_1)을 설정한다. 귀무가설은 현재 사실이라고 받아들여지는 가설이며, 대립가설은 연구자가 증명하고자 하는 새로운 주장이다.

예를 들어, "소득 수준에 따라 만족도에 차이가 없을 것이다"가 귀무가설이라면, "소득 수준에 따라 만족도에 차이가 있을 것이다"가 대립가설이 된다.

유의수준 설정

유의수준(α)은 귀무가설이 참임에도 불구하고 이를 기각할 확률을 의미한다.

일반적으로 0.05나 0.01의 값을 사용한다. 이는 95% 또는 99%의 신뢰수준을 의미한다. 유의수준은 검정의 엄격성을 결정하는 중요한 기준이 된다.

검정통계량 산출

표본으로부터 검정통계량을 계산한다. 이는 가설의 진위를 판단하는 수단이 된다.

독립된 두 개의 표본 평균의 차이를 검증할 때는 t검정을, 표본 집단이 두 개 이상일 때는 분산분석(ANOVA)을 사용한다. 검정통계량은 표본의 특성을 요약해 나타내는 값이다.

기각/채택 판단

계산된 검정통계량과 유의수준을 바탕으로 귀무가설의 기각 여부를 결정한다.

p값(유의확률)이 유의수준보다 작으면 귀무가설을 기각하고 대립가설을 채택한다. p값은 귀무가설이 참일 때 관측된 결과보다 더 극단적인 결과가 나올 확률을 의미한다.

AI를 활용한 통계적 가설 검정

챗GPT와 같은 AI 도구는 통계적 가설 검정을 수행하는 데 매우 유용하다. 특히, 데이터 분석 작업에서 챗GPT는 다양한 기능을 통해 효율적인 가설 검정을 지원한다.

데이터 입력 및 전처리

챗GPT에 데이터를 업로드하고, 원하는 분석 작업을 지시하면 된다.

가설 검정 수행

챗GPT는 다양한 통계적 검정 방법을 제공한다. 예를 들어 t-검정, 분산분석, 카이제곱 검정 등 여러 가지 검정을 자동으로 수행할 수 있다.

분석가가 가설 검정을 요청하면, 챗GPT는 적절한 검정 방법을 선택하고 결과를 도출해 준다. 이를 통해 복잡한 통계적 분석을 빠르고 정확하게 수행할 수 있다.

결과 해석 및 시각화

챗GPT는 가설 검정의 결과를 쉽게 이해할 수 있도록 도와준다. 가설 검정 결과를 도출한 후, 챗GPT는 이를 시각적으로 표현해 데이터를 더 명확하게 분석할 수 있게 한다.

예를 들어, 두 집단 간의 평균 차이를 박스플롯으로 나타내 시각적으로 비교할 수 있으며, 이는 결과의 직관적인 해석을 가능하게 한다.

챗GPT-Data Analyst에서 통계적 가설 검정하기

우리는 이미 건강기능식품에 대한 신제품 아이디어를 얻기 위해 설문조사를 수행했다. 수집한 데이터에서 건강기능식품에 대한 만족도가 성별에 따라 집단 간에 차이가 있는지(혹은 통계적으로 의미가 있는지) 알고 싶다고 가정하자.

통계적 가설 검정이 필요한 순간이다. 먼저 챗GPT-Data Analyst의 프롬프트에 데이터를 업로드한다(health_functional_food_survey_data.xlsx). 그리고 통계적 가설 검정을 요청하면 된다.

프롬프트

성별에 따라 만족도에 차이가 있는지 통계적 가설 검정을 위한 가설을 설정하고 검정을 한 다음 통계적 의미를 해석해 줘.

ChatGPT-Data Analyst

분석함

(중략)

가설 설정

성별에 따라 건강기능식품에 대한 만족도에 차이가 있는지 확인하기 위해 다음과 같은 가설을 설정합니다.

귀무가설 (H_0): 성별에 따른 건강기능식품 만족도에 차이가 없다. (즉, 남성과 여성의 만족도 평균이 동일하다.)

대립가설 (H_1): 성별에 따른 건강기능식품 만족도에 차이가 있다. (즉, 남성과 여성의 만족도 평균이 다르다.)

통계적 검정

두 집단(남성, 여성)의 만족도 평균을 비교하기 위해 독립표본 t-검정을 수행했습니다.

t-검정 통계량: -0.96

p-값: 0.34

통계적 의미 해석

t-검정 결과, p-값이 약 0.34로 나타났습니다. 일반적으로 p-값이 0.05보다 클 경우 귀무가설을 기각하지 않습니다. 이는 통계적으로 성별에 따른 건강기능식품 만족도에 유의미한 차이가 없음을 의미합니다.

(이하 생략)

이와 같이 통계적 가설 검정을 통해 남성과 여성 간의 건강기능식품에 대한 만족도 차이가 통계적으로 유의미하지 않다는 점($p > 0.05$)을 발견했다. 이는 남성과 여성이 건강기능식품에 대해 만족도에 차이가 없음을 의미한다.

이번에는 A/B 테스트 분석을 해 보자. 여기서는 패스트푸드 체인점에서 신제품 출시에 맞추어 홍보를 위해 실시한 세 가지 마케팅 캠페인 기획(1/2/3안)에 대한 A/B/C 테스트 분석을 해 보자. 이 분석을 위해 캐글(Kaggle)에서 다운로드한 데이터 파일이 있다(WA_Marketing-Campaign.csv).

어느 캠페인 방안이 매출에 가장 큰 영향을 미칠까? 먼저, 챗GPT-Data Analyst에 데이터 파일을 업로드하고 프롬프트에 분석을 요청하면 된다.

프롬프트

이 데이터를 탐색해 줘.
프로모션 1/2/3안에 따른 판매량에 대해 가설 검정 및 A/B/C 테스트 분석의 절차를 단계적으로 수행하고 최종적으로 분석 결과에 대한 해석과 어떤 프로모션을 선택하면 좋을지 의사 결정에 대한 레버리지 방안을 제안해 줘.

ChatGPT-Data Analyst

분석함

(중략)

프로모션별 판매량 평균의 차이 검정

ANOVA 검정 결과:

F-통계량: 약 21.95

p-값: 6.77e-10

해석

ANOVA 검정의 p-값이 매우 작기 때문에 (0.05보다 훨씬 작음), 프로모션별로 판매량의 평균에 통계적으로 유의미한 차이가 있다고 결론지을 수 있습니다.

(중략)

최종 해석 및 의사 결정 프로모션 1은 프로모션 2에 비해 확실히 높은 판매량을 보이고 있습니다.

(이하 생략)

이와 같이 A/B/C 테스트 분석을 통해 신제품 출시에 따른 프모로션 간에는 통계적으로 유의미하며, 특히 '프로모션 1'의 평균 판매량이 가장 높다는 점을 발견했다.

이는 정식 출시에 맞춰 '프로모션 1'로 진행할 때 가장 높은 판매량이 예상되기 때문에 이 안을 적극 추천할 수 있음을 시사한다.

이상의 과정에서 사용된 데이터 파일은 구글 드라이브에서 다운로드 가능하다. 또한 챗GPT-Data Analyst에서 작업한 채팅 내역은 공유 URL을 통해 전체 내용을 참고할 수 있다(https://bit.ly/3ACLiKq). A/B/C 테스트 분석의 결과 일부는 부록 5에 수록했다.

통계적 가설 검정은 데이터를 기반으로 한 의사결정을 내리는 데 필수적인 도구다. 이는 단순한 추측이나 직관이 아니라 데이터에 근거한 객관적 결정을 가능하게 한다.

참고문헌

구자룡(2024). 『데이터 마인드 기르는 습관』. 좋은습관연구소.

이명식 · 구자룡 · 양석준(2017). 『마케팅 리서치(개정판)』. 형설출판사.

ChatGPT. https://chatgpt.com/share/cae5b2cc-ac31-4186-919e-8703a7123736

Gutman, A. J. & Goldmeier, J.(2021). *Becoming a data head: How to think, speak, and understand data science, statistics,*

and machine learning. Wiley. 최재원 · 장진욱 옮김(2024). 『대격변 AI 시대, 데이터로 사고하고 데이터로 리드하라』. 책만.
Kaggle. https://www.kaggle.com/datasets/chebotinaa/fast-food-marketing-campaign-ab-test
Spiegelhalter, D.(2019). *The Art of statistics: How to learn from data*. Basic Books. 권혜승 · 김영훈 옮김(2020). 『숫자에 약한 사람들을 위한 통계학 수업』. 웅진지식하우스.

06
AI 상관관계 분석

상관관계 분석은 변수 간의 연관성을 파악해 의사 결정을 지원하는 통계적 방법이다. AI 도구인 챗GPT를 활용하면 데이터 전처리, 상관계수 계산, 결과 해석 등의 과정을 자동화할 수 있어 분석이 더욱 효율적이며, 결과를 시각화해 직관적으로 이해할 수 있다. 예를 들어 기온과 판매량 간의 상관관계를 분석해 계절별 전략을 수립할 수 있다.

AI와 야구?

변수 간의 연관성과 상관관계 분석

상관관계 분석(Correlation Analysis)은 두 변수 간의 연관성을 파악하는 통계적 방법으로 상관 분석이라고도 한다.

마케팅에서는 광고비와 매출 간의 상관관계를 분석해 광고의 효과를 평가할 수 있으며, 건강 분야에서는 특정 생활 습관과 건강 지표 간의 상관관계를 분석해 생활 습관과 건강 간의 관계를 파악할 수 있다. 또한 경제학에서는 실업률과 범죄율 간의 상관관계를 분석해 경제적 요인과 사회 문제의 연관성을 분석할 수 있다.

상관관계와 인과관계는 종종 혼동되지만, 이 둘은 명확히 구분되어야 한다. 상관관계는 단순히 두 변수 간의 연관성을 나타내며, 인과관계는 한 변수가 다른 변수에 직접적인 영향을 미치는 관계를 의미한다.

예를 들어, 아이스크림 판매량과 상어 공격 빈도 간에는 상관관계가 있을 수 있다(?). 하지만 이는 단지 여름철이라는 공통적인 요인 때문에 발생한 것이지, 아이스크림 판매량이 상어 공격을 증가시키는 인과관계가 있는 것은 아니다.

이처럼 상관관계는 인과관계와는 다르며, 상관관계가 있다고 해서 반드시 인과관계가 있는 것은 아니다. 그리고 주의할 점으로 아이스크림 판매량과 상어 공격 빈도 간의 관계와 같이 아무런 의미가 없는 가짜 상관도 있다.

상관계수의 해석과 상관 분석의 활용

상관관계 분석의 핵심 지표는 상관계수(Correlation Coefficient, r)이다. 상관계수는 두 변수 간의 선형적 관계를 수치로 나타내며, -1에서 +1 사이의 값을 가진다.

상관계수가 +1에 가까울수록 강한 양의 상관관계를, -1에 가까울수록 강한 음의 상관관계를 의미하며, 0에 가까울수록 상관관계가 없음을 나타낸다. 상관계수의 절대값이 0.7 이상이면 강한 상관관계가 있다고 해석할 수 있으며, 0.4에서 0.7 사이는 중간 정도의 상관관계, 0.2에서 0.4 사이는 약한 상관관계로 간주된다.

예를 들어 광고비와 매출 간의 상관관계를 분석해 상관계수가 0.8이라면, 이는 광고비가 증가할수록 매출도 증가하는 경향이 강하게 나타난다고 해석할 수 있다. 상관관계 분석의 또 다른 활용 예로는 제품 추천 시스템이 있다. 특정 제품과 다른 제품 간의 상관관계를 분석해 자주 함께 구매되는 제품을 추천할 수 있다.

예를 들어 허니브레드와 바닐라 라떼 간의 상관관계를 분석한 결과, 두 제품이 함께 구매될 확률이 높다면 이를 기반으로 프로모션을 기획할 수 있다. 이처럼 상관관계 분석은 비즈니스 전략 수립에 중요한 도구로 활용되고 있다.

AI를 활용한 상관관계 분석

챗GPT와 같은 AI를 활용하면 상관관계 분석을 더욱 효율적으로 수행할 수 있다. 챗GPT는 데이터 전처리, 상관계수 계산, 결과 해석 등의 과정을 자동화할 수 있다. 또한 상관 분석의 결과를 시각화해 제공할 수 있다. 산점도와 같은 시각적 도구를 활용하면 두 변수 간의 관계를 직관적으로 이해할 수 있다.

상관관계 분석을 위한 문제 정의 및 데이터 수집

만약 편의점 본사의 마케팅 관리자라면, 데이터 기반으로 월별 적정 재고 관리 및 판매 증대를 위해 무엇을 할 수 있을까?

먼저, 이 문제에 대해 분석할 수 있는 데이터를 수집해야 한다. 국가통계포털(kosis.kr)에서 편의점 매출 동향(품목별)에 대한 최근 10년간의 데이터를 다운로드하자. 그리고 기상청 기상자료개방포털(data.kma.go.kr)에서 최근 10년간의 기온 분석과 강수량 분석 데이터를 다운로드하자.

수집한 각각의 데이터를 전처리 후 하나로 통합해야 한다. 각각의 파일을 챗GPT에 업로드해 개별적으로 전처리(불필요한 행, 열 제거) 후 파일을 통합하면 된다. 이런 과정을 통해 분석에 사용할 수 있는 데이터 파일을 완성한다(CVS_sales_weather.csv).

챗GPT-Data Analyst에서 상관관계 분석하기

기온과 판매량, 강수량과 판매량 간에는 어떤 관계가 있을까? 즉석(신선 일부)식품과 기온은 상관관계가 있을까? 즉석(신선 일부)식품과 강수량은 상관관계가 있을까? 챗GPT-Data Analyst에 위의 데이터 파일을 업로드하고 상관관계 분석을 요청하면 된다.

프롬프트

이 데이터를 탐색해 줘.

즉석(신선 일부)식품과 기온 간의 상관관계를 분석하고 산점도를 그려 줘. 그리고 가설 검정을 해 줘.

즉석(신선 일부)식품과 강수량 간의 상관관계를 분석하고 산점도를 그려 줘. 그리고 가설 검정을 해 줘.

ChatGPT-Data Analyst

분석함

(중략)

즉석(신선 일부) 식품과 기온 간의 상관관계 및 가설 검정

상관계수: 0.305

p-value: 0.0007

즉석(신선 일부) 식품과 기온 간에는 양의 상관관계가 있으며, p-value가 0.05보다 작아 통계적으로 유의미한 관계임을 확인할 수 있습니다. 이는 기온이 상승할수록 즉석(신선 일부) 식품의 매출이 증가할 가능성이 있음을 시사합니다.

(중략)

이 결과를 바탕으로 추가적인 의사 결정을 할 때, 기온이 즉석(신선 일부) 식품의 매출에 미치는 영향을 고려하는 것이 더 중요할 수 있습니다. 강수량의 영향은 상대적으로 적거나 불확실하므로, 다른 변수와 함께 검토하는 것이 바람직합니다.

여기서는 먼저 상관관계 분석만 수행해 보았다. 즉석(신선 일부) 식품과 기온 간에는 양의 상관관계가 있고, 통계적으로 유의미한 관계임을 확인할 수 있다. 그리고 챗GPT가 제안하는 추가 분석으로 유의미한 결과를 도

출할 수 있다. 마지막으로 결과에 대한 해석과 레버리지 방안을 요청하면 된다.

프롬프트

모든 변수 간의 상관관계를 분석해 줘.

기온과 매출의 시계열 관계는?

각 매출 항목의 계절적 패턴은?

각 항목의 월별 매출 변화 추이?

지금까지 분석한 내용에 대한 의미와 의사결정을 위한 레버리지 방안을 제안해 줘.

ChatGPT-Data Analyst

분석함

(중략)

매출 항목의 계절적 패턴 분석:

즉석(신선일부) 식품: 여름철(6~8월)에는 기온 상승으로 인해 즉석식품의 매출이 증가할 가능성이 큽니다. 특히, 여름철에 신선한 음식을 선호하는 경향이 있으므로, 이 시기에 매출이 증가하는 패턴을 보일 수 있습니다.

음료: 음료의 매출은 여름철에 최고점을 찍을 가능성이 큽니다. 기온이 높아지는 여름철에는 음료의 소비가 급증하므로,

이 시기에 매출이 증가하는 경향이 두드러질 수 있습니다.

(중략)

레버리지 방안

계절별 프로모션 전략: 여름철에 기온 상승으로 인해 증가하는 음료 및 즉석 신선식품 매출을 극대화하기 위해, 여름철 특별 할인이나 1+1 프로모션을 도입할 수 있습니다.

재고 관리 최적화: 기온이 높은 시기에 음료와 신선식품의 수요가 증가할 것을 예상하여, 해당 시기에는 재고를 평소보다 높게 유지하고, 기온 변화에 따라 재고 수준을 유연하게 조절할 수 있는 시스템을 구축합니다.

(이하 생략)

상관관계 분석 및 추가 분석의 결과를 바탕으로 여름철 기온 상승 시기에 음료와 즉석식품의 재고를 높게 유지하고 프로모션을 통해 매출 증대를 추구할 수 있을 것이다.

이상의 과정에서 수집된 원시 데이터와 전처리한 데이터 파일은 구글 드라이브에서 다운로드 가능하다. 또한 챗GPT-Data Analyst에서 작업한 채팅 내역은 공유 URL을 통해 볼 수 있다(https://bit.ly/3AAtAXT). 데이터 분석 결과의 일부는 부록 6에 수록했다.

상관관계 분석은 두 변수 간의 관계를 이해하는 데 중요한 도구다. 이를 통해 변수 간의 연관성을 파악할 수 있다. 챗GPT와 같은 AI를 활용하면 상관관계 분석 과정을 보다 간편하게 수행할 수 있으며, 데이터 전처리부터 결과 해석까지 다양한 작업을 자동화할 수 있다.

참고문헌

구자룡(2024). 『데이터 마인드 기르는 습관』. 좋은습관연구소.

김송규(2024). 『데이터는 예측하지 않는다』. 좋은습관연구소.

이명식 · 구자룡 · 양석준(2017). 『마케팅 리서치(개정판)』. 형설출판사.

황세웅(2023). 『데이터 분석가가 반드시 알아야 할 모든 것』. 위키북스.

국가통계포털. https://kosis.kr/search/search.do

기상청 기상자료개방포털. https://data.kma.go.kr/stcs/grnd/grndRnList.do?pgmNo=69

ChatGPT. https://chatgpt.com/share/c70171e3-b27a-41c2-b891-93ce8edb3ecf

07
AI 인과관계 분석

인과관계 분석은 변수 간 원인과 결과를 파악하는 통계적 방법으로, 회귀분석을 통해 독립변수가 종속변수에 미치는 영향을 분석한다. 예측 분석은 과거 데이터를 바탕으로 미래 결과를 예측한다. AI, 즉 챗GPT를 활용하면 자동으로 회귀모델을 생성하고 예측 분석을 수행해 더욱 정교한 예측이 가능하다. 이를 통해 기업은 자원을 효율적으로 배분하고 전략을 최적화할 수 있다.

AI와 윤동주?

인과관계 분석을 위한 회귀분석

인과관계 분석(Causality Analysis)은 변수와 변수 간의 관계에서 원인과 결과를 명확히 규명하는 통계적 방법이다. 데이터를 통해 변수 간의 상호작용을 이해하고, 이러한 상호작용이 특정 결과에 어떻게 영향을 미치는지를 분석한다.

예를 들어, 광고비와 매출 간의 관계를 파악할 때 인과관계 분석을 통해 어떤 종류의 광고가 매출에 더 큰 영향을 미치는지를 확인할 수 있다. 이를 통해 기업은 자원을 효율적으로 배분해 최대의 성과를 달성할 수 있다.

회귀분석(Regression Analysis)은 인과관계를 분석하는 주요 도구 중 하나로, 독립변수(원인)가 종속변수(결과)에 미치는 영향을 수량화하는 방법이다. 회귀분석은 단순회귀분석과 다중회귀분석으로 나눌 수 있다.

단순회귀분석

단순회귀분석은 하나의 독립변수와 종속변수 간의 관계를 분석하는 방법이다.

예를 들어, 특정 제품의 TV 광고비와 해당 제품의 매출 간의 관계를 분석할 때 단순회귀분석을 사용할 수 있다. 이 경우, TV 광고비는 독립변수로, 매출은 종속변수로 설정된다.

단순회귀분석의 기본 모델은 다음과 같다.

$$Y=\beta_0+\beta_1X+\epsilon$$

여기서 Y는 종속변수, X는 독립변수, β_0는 절편, β_1은 회귀계수, ϵ은 오차(error term, 회귀식의 값과 실제값과의 차이)를 나타낸다. 이 모델을 통해 X의 값이 Y에 미치는 영향을 예측할 수 있다.

다중회귀분석

다중회귀분석은 여러 개의 독립변수가 종속변수에 미치는 영향을 동시에 분석하는 방법이다. 이는 보다 복잡한 현실 상황을 반영할 수 있다.

예를 들어, TV 광고비, 소셜미디어 광고비, 인플루언서 광고비 등의 여러 독립변수가 매출에 미치는 영향을 분석할 때 사용된다.

다중회귀분석의 모델은 다음과 같다.

$$Y=\beta_0+\beta_1X_1+\beta_2X_2+\beta_3X_3+ \cdots +\beta_kX_k+\epsilon$$

여기서 $X_1, X_2, X_3, \cdots, X_k$는 각각의 독립변수, Y는 종속변수를 나타낸다. 회귀계수 $\beta_1, \beta_2, \beta_3, \cdots, \beta_k$는 해당 독립변수의 변화가 종속변수에 미치는 영향력을 나타낸다.

회귀분석의 핵심은 회귀계수(Regression Coefficient)와 결정계수(R-squared)에 있다. 회귀계수는 독립변수의 변화가 종속변수에 얼마나 영향을 미치는지를 수량화하며, 이 값이 크면 클수록 독립변수의 영향력이 크다는 것을 의미한다. 결정계수는 회귀모델이 얼마나 데이터를 잘 설명하는지를 나타내며, 0에서 1 사이의 값을 가진다. 1에 가까울수록 모델이 데이터를 잘 설명한다는 의미다.

예측 분석을 위한 회귀모델

예측 분석(Predictive Analytics)은 과거 데이터를 기반으로 미래의 결과를 예측하는 과정이다. 일반적인 예측 모델링 기술로는 회귀모델, 머신러닝, 의사결정트리, 신경망 등이 있다. 회귀모델은 수학 방정식을 사용해 변수 간 관계를 결정하는 방식으로 회귀분석을 사용한다.

예측 분석의 첫 단계는 데이터 수집 및 준비다. 둘째

단계는 모델 구축이다. 셋째 단계는 모델 평가 및 개선이다. 마지막 단계는 미래 예측이다.

구축된 모델을 이용해 새로운 데이터를 입력해 미래의 결과를 예측한다. 예를 들어 특정 광고 캠페인의 예산을 조정해 이로 인한 매출 변화를 예측할 수 있다.

예측 분석은 다양한 분야에서 응용될 수 있다. 예를 들어 금융 분야에서는 주가 예측, 리스크 관리 등에 활용되며, 소매업에서는 수요 예측, 재고 관리 등에 활용된다. 또한 마케팅에서는 광고 효과 예측, 고객 행동 예측 등에 활용되어 더욱 효율적인 자원 배분과 전략 수립을 가능하게 한다.

AI를 활용한 인과관계 및 예측 분석

AI, 특히 챗GPT는 인과관계 분석과 예측 분석에서 강력한 도구로 사용될 수 있다. 기존 통계 분석과 다른 점은 스스로 회귀모델을 생성하고 예측 분석을 자동으로 수행한다는 것이다.

예를 들어 마케팅 관리자라면 다양한 광고 채널(예: TV, 소셜미디어, 구글 광고 등)이 매출에 어떻게 영향을 미치는지를 파악해 광고 예산을 효과적으로 배분하고 싶어 할 것이다. 즉, 어떤 종류의 광고비가 판매량에 더 많은 영향을 미쳤을까?

이 문제를 해결하기 위해서는 특정 제품의 광고비 데이터를 기반으로 회귀분석을 수행해 각 광고 채널이 매출에 미치는 영향을 분석하면 된다.

여기서는 캐글에서 다운로드한 데이터 파일로 분석해 보자(Advertising_Data.csv).

챗GPT-Data Analyst에서 회귀분석하기

먼저, 이 데이터를 챗GPT-Data Analyst에 업로드하고 인과관계 분석을 요청하면 된다.

프롬프트

이 데이터를 탐색해 줘.

광고비가 판매된 제품 수에 영향을 미치는 다중회귀분석을 실시하고, 가설 검정을 실시하고, 그 의미를 해석해 줘.

다중회귀분석 결과를 테이블로 제시해 줘.

ChatGPT-Data Analyst

분석함

(중략)

다중회귀분석 결과와 가설 검정에 대한 해석은 다음과 같습니다.

회귀모델 요약:

R-squared: 1.000

이 값은 모델이 종속 변수(판매된 제품 수)를 100% 설명한다는 것을 의미합니다.

F-statistic: 1.347e+06, Prob (F-statistic): 0.000

이 값들은 회귀모델이 유의미하다는 것을 나타냅니다.

(중략)

회귀식을 아래와 같이 나타낼 수 있습니다:

Product_Sold=0.0887+2.0011×TV+2.9980×Billboards+1.4997×Google_Ads+2.5000×Social_Media+1.1998×Influencer_Marketing+3.9989×Affiliate_Marketing

이 회귀식은 광고비의 각 요소가 판매된 제품 수에 어떤 영향을 미치는지를 수식으로 나타낸 것입니다.

회귀분석 결과 회귀모델의 설명력이 높고 광고비가 판매된 제품 수에 각각 영향을 미치는 것으로 나타났으며, 통계적으로 유의미하다. 다만, 결정계수가 1로 독립변수가 종속변수를 완벽하게 설명하는 결과이지만 실제 데이터에서는 매우 드문 경우이며, 과적합(overfitting,

학습 데이터에 과하게 적합한 상태가 되어 모델이 정확한 예측이나 결론을 내릴 수 없는 경우)의 가능성이 있기 때문에 해석에 주의할 필요가 있다. 이러한 결과를 바탕으로 판매량 예측 모델을 만들어 볼 수 있다.

챗GPT-Data Analyst에서 예측 분석하기

판매량 예측 모델을 만들기 위한 예측 분석을 회귀분석에 이어서 계속 챗GPT에 요청하면 된다.

프롬프트

판매량 예측 모델을 만들어 줘.

예측 모델의 성능을 평가해 줘.

예측모델에 맞춰 각 항목에 값을 대입할 수 있도록 엑셀에서 사용할 수 있게 만들어 줘. '항목' 칼럼에는 상수부터 독립변수를, '값' 칼럼에는 베타계수를, 그리고 '옵션' 칼럼에는 각각의 독립변수에 임의의 금액을 넣을 수 있게 하고 마지막에 '예측된 판매량'에 대한 수식이 들어가도록 만들어 줘.

ChatGPT-Data Analyst

분석함

(중략)

엑셀에서 사용할 수 있는 예측 모델 파일을 생성했습니다. 아래 링크를 통해 파일을 다운로드할 수 있습니다:

예측 모델 엑셀 파일 다운로드

이 파일을 열어 각 독립 변수에 원하는 값을 입력하고, '예측된 판매량' 셀에서 자동으로 계산된 결과를 확인할 수 있습니다.

챗GPT가 제공해 준 예측 모델 파일을 엑셀에서 약간의 편집을 통해 판매량 예측을 위한 템플릿을 완성할 수 있다(prediction_model.xlsx). 총광고비 예산을 고려해 각각의 광고 매체에 투입하는 광고비를 조정할 수 있고 예측 판매액을 산정할 수 있다. 관련 파일은 구글 드라이브에서 다운로드 가능하며, 챗GPT-Data Analyst에서 작업한 채팅 내역은 공유 URL(https://bit.ly/3yQW9Qq)을 통해 전체 내용을 볼 수 있다. 판매 예측 모델 템플릿은 부록 7에 수록했다.

인과관계 분석은 단순히 현재의 성과를 평가하는 데 그치지 않고, 미래의 성과를 예측하고 최적의 전략을 수립하는 데도 활용될 수 있다. 인과관계 분석과 예측 분석은 머신러닝의 한 분야로 그 중요성이 더욱 커질 것이며, AI 기술을 활용해 더욱 정교한 분석과 예측이 가능해질 것이다.

참고문헌

구자룡(2024). 『데이터 마인드 기르는 습관』. 좋은습관연구소.

김송규(2024). 『데이터는 예측하지 않는다』. 좋은습관연구소.

이명식 · 구자룡 · 양석준(2017). 『마케팅 리서치(개정판)』. 형설출판사.

ChatGPT. https://chatgpt.com/share/e3677ea5-1abb-4ef3-9a5b-c00a79994060

Gutman, A. J. & Goldmeier, J.(2021). *Becoming a data head: How to think, speak, and understand data science, statistics, and machine learning.* Wiley. 최재원 · 장진욱 옮김(2024). 『대격변 AI 시대, 데이터로 사고하고 데이터로 리드하라』. 책만.

Kaggle. https://www.kaggle.com/datasets/singhnavjot2062001/product-advertising-data

08
AI 군집화 분석

군집화 분석은 비슷한 특성을 가진 데이터를 그룹으로 묶어 데이터의 구조를 탐색하고, 각 군집의 특성을 이해하는 데 목적이 있다. 챗GPT를 활용하면 K-평균 군집화 등을 통해 최적의 군집 수를 찾아 주고, 각 군집의 특성을 분석해 시각적 자료를 제공해 준다. 이를 통해 맞춤형 전략을 수립하는 등 실질적인 의사 결정을 지원한다.

AI와 한의학?

고객 그룹화를 위한 군집화 분석

군집화 분석(Clustering Analysis)은 비슷한 특성을 가진 데이터를 그룹으로 묶어 주는 비지도 학습, 즉 머신러닝 기법 중 하나다.

군집화 분석은 데이터의 구조를 탐색하고, 특성 간의 관계를 파악하며, 데이터 내에서 특정 패턴이나 트렌드를 발견하는 데 유용하다. 군집화 결과를 바탕으로 특정 군집에 맞춤형 마케팅 전략을 수립하거나 새로운 제품 개발 방향을 설정할 수 있다.

군집화와 유사한 용어인 세분화(Segmentation)는 유사성을 기반으로 고객들을 여러 그룹에 각기 수동으로 배치하는 방법이다.

군집화 분석의 주요 목표는 데이터의 특성을 최대한 보존하면서도 효율적인 군집을 형성하는 것이다. 이러한 분석 기법은 데이터에 정답 레이블이 없는 경우에 주로 사용되며, 데이터를 군집으로 분류해 각 군집 내에서 데이터 포인트들이 유사한 특성을 가지도록 한다. 이를 통해 복잡한 데이터 세트를 더욱 이해하기 쉽고, 분석 가능한 형태로 정리할 수 있다.

군집화 분석의 절차와 군집화 알고리즘

군집화 분석은 절차에 따라 진행해야 하며, 적합한 알고리즘을 선택해야 한다.

군집화 분석의 절차

첫 단계는 데이터 준비다. 분석에 사용할 데이터를 수집하고, 전처리 과정을 통해 데이터를 정리한다.

둘째 단계는 특성 선택이다. 군집화를 통해 얻고자 하는 목적에 부합하는 변수를 선택하고, 불필요한 변수를 제거해 분석의 복잡성을 줄인다.

셋째 단계는 데이터 스케일링(scaling)이다. 단위가 다르면 군집화 결과에 영향을 미칠 수 있으므로 이를 표준화(Standardization, 데이터의 평균을 0으로, 표준편차를 1로 만들어 정규분포에 가깝게 만드는 것)하거나 정규화(Normalization, 데이터의 범위를 특정 범위 내로 조정해 각 데이터의 상대적인 크기를 비교하기 쉽게 만드는 것)하는 과정이 필요하다.

넷째 단계는 군집화 알고리즘 적용이다. 적절한 군집화 알고리즘을 선택하고 데이터를 군집화한다.

다섯째 단계는 결과 평가다. 군집화 결과를 평가해 군집의 수와 품질을 판단하고, 이를 바탕으로 최종적인 군집 수를 결정한다. 군집 수는 주로 엘보우 기법(Elbow method, 클러스터의 개수를 두고 비교를 한 그래프를 통해 엘보우 포인트를 찾음)을 사용해 최적의 클러스터 수를 찾는다. 군집의 품질은 각 군집 내 데이터 포인트 간의 유사성 및 군집 간의 차이를 기준으로 평가한다.

마지막은 해석 및 활용 단계다. 군집화 결과를 바탕으로 각 군집의 특성을 해석하고, 이를 기반으로 실질적인 의사 결정을 지원하는 데 활용한다.

주요 군집화 알고리즘

군집화 분석에서 사용하는 알고리즘은 분석 목적과 데이터의 특성에 따라 달라진다. 대표적인 군집화 알고리즘으로 K-평균 군집화(K-means Clustering)와 계층적 군집화(Hierarchical Clustering)가 있다.

(1) K-평균 군집화

K-평균 군집화는 가장 널리 사용되는 군집화 알고리즘 중 하나로, 데이터 포인트를 미리 정해진 K개의 군집으로 나누는 비지도 학습 알고리즘이다.

이 방법은 각 군집 내 데이터 포인트들이 군집 중심(centroid)과의 거리를 최소화하는 것을 목표로 한다. 이 알고리즘의 장점은 계산이 빠르고, 대규모 데이터에 적용하기 적합하다는 점이다. 그러나 K-값을 미리 설정해야 하며, 초기 군집 중심의 선택에 따라 결과가 달라질 수 있다는 단점도 있다.

(2) 계층적 군집화

계층적 군집화는 데이터 포인트를 계층적으로 묶어 나가는 방법으로, 덴드로그램(dendrogram)을 통해 군집의 계층 구조를 시각화할 수 있다.

이 방법은 데이터 포인트를 하나의 군집으로 간주하고, 이를 점차적으로 합치거나 분할해 최종 군집을 형성한다. 계층적 군집화는 주로 덴드로그램을 활용해 군집의 수를 시각적으로 결정할 수 있다는 장점이 있다. 하지만 계산 복잡성이 높아 대규모 데이터에 적용하기 어려울 수 있다는 단점이 있다.

AI를 활용한 군집화 분석

AI 도구인 챗GPT를 활용하면 복잡한 군집화 분석을 보다 간편하게 수행할 수 있다. 특정 데이터 세트에 대해 K-평균 군집화를 수행하려면, 사용자는 챗GPT에 데이터를 업로드하고 K-평균 군집화를 수행해 달라고 요청하면 된다.

예를 들어, 슈퍼마켓 몰의 마케팅 관리자로서 고객 멤

버십 카드를 통해 고객 ID, 나이, 성별, 연간 소득 및 지출 점수와 같은 고객에 대한 기본 데이터를 가지고 있다고 가정하자. 어떻게 하면 고객을 유사한 특성이 있는 집단으로 분류해 타겟 마케팅 전략을 수립할 수 있을까? 여기서는 캐글에서 다운로드한 데이터 파일로 분석해 보자(Mall_Customers.csv).

먼저, 이 데이터를 챗GPT-Data Analyst에 업로드하고 군집화 분석을 요청하면 된다. 챗GPT는 별도의 요청이 없으면 K-평균 군집화 분석을 수행한다.

프롬프트

이 데이터를 탐색해 줘.

고객 클러스터링 분석을 수행해 줘.

5개의 클러스터로 분석해 줘.

클러스터별 특징을 테이블로 나타내 줘.

클러스터별로 고객 특성을 시각화해 줘.

클러스터별로 고객 프로파일링 분석을 하고 그 결과를 테이블로 만들어 줘.

클러스터별로 특징을 요약하고 주요 특성을 찾아 줘.

각 클러스터에 적합한 이름을 만들어 줘.

고객 클러스터에 따른 마케팅 전략을 추천해 줘.

고객 프로파일을 CSV 파일로 저장해 줘.

ChatGPT-Data Analyst

분석함

(중략)

엘보우 방법을 통해 얻은 그래프를 분석한 결과, 3 또는 5개의 클러스터가 적절해 보입니다.

(중략)

클러스터 0은 중간 소득과 소비 점수를 가진 평균적인 고객층입니다. 이 요약을 통해 각 클러스터의 주요 고객 특성을 이해할 수 있으며, 이를 바탕으로 마케팅 전략을 세울 수 있습니다.

(중략)

각 클러스터의 특성을 반영한 마케팅 전략을 다음과 같이 추천드립니다:

클러스터 0: "중산층 균형형 소비자"

전략: 이 그룹은 균형 잡힌 소비 패턴을 가지고 있어, 가격 대비 가치가 높은 제품이나 서비스를 강조하는 마케팅이 효과적입니다.

추천: "가성비 좋은 상품", "가치 중심의 프로모션" 등을 내세워, 제품의 효용성을 강조하는 광고를 활용하세요. 고객

충성도를 높이기 위한 멤버십 프로그램이나 할인 혜택도 유용합니다.

(이하 생략)

이상의 군집화 분석을 통해 최적화된 고객 집단을 5개로 확인했다. 고객 프로파일링(Customer Profiling, 고객을 구분짓게 하는 특징 혹은 특성을 찾는 방법)을 통해 각 클러스터의 특성을 파악할 수 있다. 이를 바탕으로 각 클러스터에 적합한 마케팅 전략을 기획할 수 있다.

예를 들어, '클러스터 0'은 "중산층 균형형 소비자"로 중간 정도의 소득과 소비 점수를 가진 평균적인 고객층이다. 이들에게는 가격 대비 가치가 높은 제품이나 서비스를 강조하는 마케팅이 효과적이라는 인사이트를 도출했다.

이를 바탕으로 "가성비 좋은 상품", "가치 중심의 프로모션" 등을 통해 제품의 효용성을 강조하는 광고를 기획할 수 있다. 아울러 고객 충성도를 높이기 위한 멤버십 프로그램이나 할인 혜택도 유용한 선택이 될 수 있다. 마케팅 관리자라면 이런 분석 결과를 바탕으로 구체적인 전략을 수립하고 의사 결정자를 설득할 수 있어야 한다.

군집화 분석에 사용한 관련 파일은 구글 드라이브에서 다운로드 가능하며, 챗GPT-Data Analyst에서 작업한 채팅 내역은 공유 URL을 통해 전체 내용을 볼 수 있다(https://bit.ly/3YWFOUZ). 데이터 분석 결과의 일부는 부록 8에 수록했다.

군집화 분석은 데이터의 구조를 탐색하고, 각 군집의 특성을 이해하는 데 매우 유용한 방법이다. 특히, 챗GPT와 같은 AI 도구를 활용하면 복잡한 통계 소프트웨어나 프로그래밍 지식 없이도 빠르고 쉽게 머신러닝을 수행할 수 있다. 또한 결과에 대한 해석과 추가 분석 방향에 대한 제안도 얻을 수 있어, 데이터 분석 초보자들에게 특히 유용하다.

참고문헌

구자룡(2024). 『데이터 마인드 기르는 습관』. 좋은습관연구소.

이명식 · 구자룡 · 양석준(2017). 『마케팅 리서치(개정판)』. 형설출판사.

ChatGPT. https://chatgpt.com/share/d51dfafb-05b6-439b-bd8b-b49a578d7f52

Gutman, A. J. & Goldmeier, J.(2021). *Becoming a data head: How to think, speak, and understand data science, statistics, and machine learning.* Wiley. 최재원 · 장진욱 옮김(2024).

『대격변 AI 시대, 데이터로 사고하고 데이터로 리드하라』. 책만.
Kaggle.
https://www.kaggle.com/datasets/vjchoudhary7/customer-segmentation-tutorial-in-python
Omer A., & Dominique L.(2015). *Predictive marketing.* Wiley.
고한석 옮김(2017). 『빅데이터를 활용한 예측마케팅 전략』. 마인드큐브.

09
AI 텍스트 데이터 분석

텍스트 데이터 분석은 고객 리뷰, 설문조사 응답, 소셜 미디어 댓글 등 비정형 데이터를 분석해 유의미한 정보를 도출하고, 이를 통해 제품 및 서비스 품질 향상과 경쟁 우위 확보를 목표로 한다. 챗GPT와 같은 AI 도구는 이러한 분석을 자동화하고 효율화할 수 있다. 예를 들어 호텔 리뷰 데이터로 감성 분석, 클러스터링 등을 수행하고 이를 통해 차별화 전략과 서비스 개선 방안을 도출할 수 있다.

AI와 화장품?

인사이트 도출을 위한 텍스트 데이터 분석

텍스트 데이터 분석(Text Data Analysis) 또는 텍스트 마이닝(Text Mining)은 텍스트 형태로 된 데이터를 수집하고 처리해서 유의미한 정보를 추출하는 과정이다.

텍스트 데이터는 고객 리뷰, 설문조사 응답, 소셜 미디어 댓글, 뉴스 기사 등에서 얻을 수 있다. 기업이 제품 및 서비스의 품질을 향상시키고, 고객 만족도를 높이며, 시장에서 경쟁 우위를 확보하는 데 중요한 역할을 하며, 그 중요성이 더욱 커지고 있다.

텍스트 데이터는 비정형 데이터로, 그 안에 무엇이 포함되어 있는지 명확하지 않기 때문에, 이를 통해 의미 있는 정보를 추출하기 위해서는 체계적이고 효율적인 분석이 필요하다. 텍스트 데이터를 정형 데이터로 변환해 통계적 분석이나 머신러닝 모델링에 활용할 수 있다.

텍스트 데이터 분석의 주요 기법

텍스트 데이터 분석은 형태소 분석, 감정 분석, 주제 모델링, 텍스트 분류, 클러스터링 등 다양한 분석 기법을 사용해 텍스트 데이터에서 유의미한 패턴을 찾는다.

형태소 분석

형태소 분석(Morphological Analysis)은 텍스트 데이터를 가장 기본적인 의미 단위인 형태소로 분해하는 과정이다.

예를 들어 "고양이가 집에 있다"라는 문장은 "고양이/명사 + 가/조사 + 집/명사 + 에/조사 + 있다/동사"로 형태소 분석을 통해 분해될 수 있다. 형태소 분석은 텍스트 분류, 감성 분석, 주제 모델링 등의 분석 작업에 선행되는 기초 작업이다.

감성 분석

감성 분석(Sentiment Analysis, 혹은 감정 분석 또는 긍부정 분석)은 텍스트 데이터에 담긴 긍정적, 부정적, 중립적인 감정을 파악해 제품 및 서비스에 대한 고객의 반응을 이해하는 데 사용된다.

예를 들어, 특정 제품에 대한 리뷰가 긍정적인 경우, 해당 제품의 강점을 강화하는 방향으로 마케팅 전략을 수립할 수 있으며, 반대로 부정적인 리뷰가 많을 경우에는 문제점을 파악하고 이를 개선하는 방향으로 전략을 조정할 수 있다.

주제 모델링

주제 모델링(Topic Modeling)은 대규모 텍스트 데이터에서 주제를 자동으로 추출하는 기법이다. 텍스트 데이터에서 자주 언급되는 주제를 찾아낼 수 있으며, 이를 통해 텍스트의 전체적인 내용을 파악할 수 있다.

예를 들어 뉴스 기사 데이터를 분석할 때, 주제 모델링을 사용해 특정 시점에서 가장 많이 언급된 주제를 도출하고, 이를 바탕으로 해당 시기의 사회적 이슈나 트렌드를 분석할 수 있다.

텍스트 분류

텍스트 분류(Text Classification)는 텍스트 데이터를 특정 카테고리 또는 레이블로 자동으로 분류하는 기법이다. 텍스트 문서를 사전에 정의된 카테고리로 분류하기 위해 머신러닝 모델을 사용한다.

예를 들어 뉴스 기사를 '정치', '경제', '스포츠' 등의 카테고리로 분류할 수 있다. 스팸 메일 필터링, 감성 분석(긍정/부정 분류), 주제 분류, 고객 리뷰 분석 등 다양한 분야에서 활용된다.

클러스터링

클러스터링(Clustering)은 비슷한 특성을 가진 데이터들을 그룹으로 묶어 주는 분석 기법이다. 텍스트 데이터를 클러스터링하면, 유사한 패턴이나 주제를 가진 텍스트들을 하나의 그룹으로 묶어 낼 수 있다. 이를 통해 특정 주제에 대한 전반적인 의견을 파악하거나 주요 관심사를 추출할 수 있다.

예를 들어 호텔 리뷰 데이터를 클러스터링해 "객실 청결도", "직원 서비스", "위치" 등과 같은 주제별로 고객의 의견을 그룹화할 수 있다.

AI를 활용한 텍스트 데이터 분석

챗GPT와 같은 AI 도구는 텍스트 데이터 분석에서 매우 유용하게 사용될 수 있다. 챗GPT는 자연어 처리 기반의 강력한 언어 모델로, 텍스트 데이터를 전처리하고, 감성 분석을 수행하며, 클러스터링 등의 복잡한 분석 작업을 자동화할 수 있다. 이는 기존 수작업 분석에 비해 시간과 노력을 크게 절감할 수 있다는 장점이 있다.

예를 들어 호텔의 마케팅 관리자로서 고객 이용 후기에 대한 텍스트 데이터를 가지고 있다고 가정하자. 어떻게 하면 텍스트 데이터에서 고객의 니즈를 파악해 대응

전략을 수립할 수 있을까? 우리 호텔(예: 호텔 신라스테이 구로)의 차별화 전략과 서비스 개선 방안을 찾아보자.

여기서는 캐글에서 다운로드한 호텔 리뷰 데이터 파일로 분석해 본다(Booking.com hotel review.csv).

챗GPT-Data Analyst에서 텍스트 데이터 분석하기

먼저 이 데이터를 챗GPT-Data Analyst에 업로드하고 전처리(고객 후기 내용 중에서 중복된 단어인 '좋았던 점 · '과 '아쉬웠던 점 · ' 단어와 불필요한 칼럼을 제거)를 통해 데이터 세트(hotel_reviews.csv)를 확정한다.

이제 텍스트 데이터 분석을 위해 원하는 결과를 얻을 때까지, 즉 감성 분석, 클러스터링, 가설 검정, 시각화 등을 다양하게 요청하면 된다.

프롬프트

이 데이터를 탐색해 줘.

호텔 리뷰를 감정 분석하고 그 결과를 시각화해 줘.

리뷰가 많은 호텔 상위 10개에 대한 평균 감정 점수를 시각화해 줘.

감정 분석 결과와 리뷰의 길이에 대한 관계를 분석하고, 통계적 유의성이 있는지 검정해 줘.

ChatGPT-Data Analyst

분석함

(중략)

감정 점수와 리뷰 길이 사이의 상관 계수는 약 0.0807로, 이는 두 변수 간에 약한 양의 상관관계가 있음을 나타냅니다. 즉, 리뷰가 길어질수록 약간 더 긍정적인 감정 점수를 가지는 경향이 있음을 의미합니다.

또한, p-값이 4.81e-54로 매우 낮아, 이 상관관계가 통계적으로 유의미하다는 것을 보여줍니다.

이상의 감성 분석과 클러스터링 분석 등 텍스트 데이터 분석을 통해 호텔 리뷰에 대한 대체적인 특성을 확인했다. 이를 바탕으로 추가적인 분석으로 원하는 결과를 도출하기 위해 다시 챗GPT에 요청해 보자.

챗GPT-Data Analyst에서 개선방안 도출하기

텍스트 데이터 분석의 결과를 바탕으로 차별화 전략과 서비스 개선 방안에 대해 요청하면 된다.

프롬프트

'호텔 신라스테이 구로'를 포함해 언급량이 많은 상위 5개를 중심으로 감정 분석을 하고 비교해 줘.
텍스트 클러스터를 기반으로 상위 5개 호텔의 리뷰에 대한 특성을 요약해 줘.
'호텔 신라스테이 구로'의 차별화 전략을 찾아 줘.
'호텔 신라스테이 구로'의 차별화를 위한 서비스 개선 방안을 3개 찾아 줘.

ChatGPT-Data Analyst
분석함
(중략)
"호텔 신라스테이 구로"가 특히 많은 중립적인 리뷰를 받았음을 확인할 수 있습니다.
(중략)
"호텔 신라스테이 구로"는 위치, 청결도, 시설, 서비스 면에서 경쟁력이 있지만, 고객 경험을 더욱 향상시키기 위해서는 세부적인 차별화 전략이 필요합니다.
(중략)
"호텔 신라스테이 구로"는 이미 위치와 청결도에서 강점을 가지고 있지만, 고객 맞춤형 서비스, 고급 조식 옵션, 그리고 레저 및 휴식 공간 강화를 통해 고객에게 더욱 차별화된 경험을 제공할 수 있습니다. 이러한 개선 방안은 고객 만족도를 높이고, 호텔의 브랜드 가치를 강화하는 데 기여할 것입니다.

이와 같이 경쟁사 대비 자사의 차별화된 전략과 서비스 개선 방안을 도출할 수 있다. 즉, 경쟁사 대비 중립적인 리뷰가 많지만 위치, 청결도, 시설, 서비스 면에서 경쟁력이 있는 것으로 파악되었다. 이점을 차별화 포인트로 고객 맞춤형 서비스, 고급 조식 옵션, 그리고 레저 및 휴식 공간 강화 전략을 기획할 수 있다.

텍스트 데이터 분석에 사용된 파일은 구글 드라이브에서 다운로드 가능하며, 챗GPT-Data Analyst에서 작업한 채팅 내역은 공유 URL을 통해 전체 내용을 볼 수 있다(https://bit.ly/4dUAK7y). 데이터 분석 결과의 일부는 부록 9에 수록했다.

챗GPT와 같은 AI 모델의 등장으로 전문적인 프로그래밍 지식 없이도 복잡한 텍스트 데이터 분석을 수행할 수 있게 되었다. 감성 분석 등 위에 열거한 대부분의 기법들은 챗GPT에서 한글을 무난하게 처리해 준다. 그러나 한글 형태소 분석은 아직 잘 처리하지 못하고 있다. 이 경우에는 한글 텍스트를 영문으로 기계 번역(예: MS 워드)한 다음, 챗GPT에서 영문으로 형태소 분석을 수행하면 된다.

참고문헌

구자룡(2024). 『데이터 마인드 기르는 습관』. 좋은습관연구소.

이상석(2023). 『데이터 드리븐 리포트』. 한빛미디어.

ChatGPT.
https://chatgpt.com/share/d0dc2cec-7b78-4902-bf3c-42b7ac0e9be1

Gutman, A. J. & Goldmeier, J.(2021). *Becoming a data head: How to think, speak, and understand data science, statistics, and machine learning.* Wiley. 최재원 · 장진욱 옮김(2024). 『대격변 AI 시대, 데이터로 사고하고 데이터로 리드하라』. 책만.

Kaggle.
https://www.kaggle.com/datasets/frogsohyun/bookingcom-hotel-review

10

AI 데이터 시각화 및 보고서 작성

데이터 시각화는 복잡한 데이터를 그래프나 차트로 표현해 인사이트를 도출하고 의사 결정을 돕는 기술이다. AI 도구인 챗GPT를 활용하면 데이터 분석, 시각화, 보고서 작성의 효율성을 높일 수 있으며, 감마를 활용하면 자동으로 프레젠테이션 슬라이드를 제작할 수 있다. 이를 통해 데이터를 기반으로 전략 수립과 문제 해결을 실현할 수 있다.

종교와 AI?

데이터 변환 그 이상의 작업: 시각화

데이터 시각화(Data Visualization)는 데이터를 그래프, 차트, 지도, 네트워크 등 시각적 형태로 표현해 복잡한 데이터를 보다 쉽게 이해하고 중요한 패턴, 트렌드, 상관관계를 빠르게 파악할 수 있게 돕는 기술이다. 시각화는 데이터 변환 그 이상의 작업으로 더욱 효과적인 커뮤니케이션과 의사결정을 지원한다.

예를 들어 영국의 의사인 존 스노(John Snow)는 런던의 콜레라 사망자 분포를 지도 위에 시각적으로 표현해(콜레라 지도), 특정 지역의 펌프 주변에 사망자가 많은 것을 발견하고 콜레라는 공기가 아니라 오염된 물이 발병의 원인이라는 사실을 발견할 수 있었다.

시각화를 위한 차트 선택과 고려사항

데이터 시각화를 효과적으로 수행하기 위해서는 목적에 맞는 적절한 차트를 선택하는 것이 중요하다. 차트를 선택할 때는 데이터의 유형, 변수의 특성, 그리고 전달하고자 하는 메시지를 고려해야 한다.

앤드류 아벨라(Andrew Abela)는 차트 선택 도구(Chart Chooser)를 통해 비교, 구성, 분포, 관계 등으로 차트 유형을 분류했다.

비교 차트에는 막대 차트, 방사형 차트, 라인 차트 등이 있으며, 두 개 이상의 항목을 비교할 때 유용하다. 구성 차트로 파이 차트, 트리맵 등이 있으며, 전체 대비 각 구성 요소의 비율을 보여 줄 때 적합하다. 분포 차트에는 산점도, 히스토그램 등이 있으며, 데이터의 분포나 변동성을 시각화할 때 유용하다. 그리고 관계 차트로 산점도, 버블 차트 등이 있으며, 변수 간의 관계를 나타낼 때 사용된다.

차트 선택 시에는 데이터의 기간, 변수, 항목 등 다양한 요소를 고려해야 하며, 데이터를 가장 효과적으로 표현하고 인사이트를 제공할 수 있도록 해야 한다. 하나의 간단한 데이터 세트로 100가지 시각화를 만들어 낼 수도 있다(1 dataset 100 visualizations).

결론 도출 및 데이터 표현

데이터 분석에서 결과와 결론은 명확히 구분해야 한다. 결과는 데이터 분석을 통해 나온 결과물을 말하며, 결론은 이 결과가 목적에 대해 어떤 의미가 있는지 설명하는 것이다. 데이터를 활용한다는 것은 단순히 결과를 제시하는 것이 아니라, 판단과 행동으로 이어지는 결론을 도출하는 것을 의미한다.

효과적으로 데이터를 표현하기 위해서는 첫째, 틀리지 않게 표현해야 한다. 데이터의 정확성은 모든 시각화의 기본이 된다. 둘째, 적합하게 표현해야 한다. 차트의 내용이 메시지를 잘 뒷받침해야 한다. 셋째, 강력하게 표현해야 한다. 불필요한 정보는 과감히 제거하고, 중요한 정보를 시각적으로 두드러지게 만들어야 한다.

보고서 작성 시 유의사항

보고서를 작성할 때는 분석 결과를 단순히 나열하는 것에 그치지 않고, 분석 결과를 바탕으로 명확한 결론을 도출하는 것이 중요하다.

첫째, 보고서에 사용된 데이터가 정확하고 신뢰할 수 있는지 확인해야 한다.

둘째, 보고서는 전달하고자 하는 메시지가 명확해야 하며, 시각화 결과물이 이 메시지를 효과적으로 지원해야 한다.

셋째, 결론은 데이터에 근거해야 하며, 필요 이상으로 자신의 해석을 덧붙여서는 안 된다. 결론은 의사결정에 도움이 될 수 있도록 구체적이고 실행 가능한 형태로 제시해야 한다.

AI를 활용한 시각화 분석 및 보고서 작성

챗GPT와 같은 AI 도구를 이용해 데이터 시각화와 보고서 작성을 할 수 있다. 챗GPT를 통해 복잡한 데이터 분석 작업을 자동화하고, 시각화 결과물을 바탕으로 보고서를 작성하면 데이터 분석 업무를 보다 효율적으로 수행할 수 있다.

예를 들어, 최근 5년 동안 판매된 건강기능식품의 인기 제품과 향후 출시할 제품 아이디어를 찾는 데이터 분석과 시각화 및 보고서를 작성해 보자.

여기서는 국가통계포털(KOSIS)에서 '건강기능식품 매출액' 데이터를 전처리한 후 다운로드해서 가지고 있는 데이터 파일로 분석해 본다(processed_health_supplements_sales.csv).

챗GPT-Data Analyst에서 시각화 분석하기

먼저, 이 데이터를 챗GPT-Data Analyst에 업로드하고 데이터 시각화 분석에 필요한 내용을 요청하면 된다.

프롬프트

업로드한 데이터는 최근 5년간의 건강기능식품 품목별 매출액 데이터다. 데이터를 탐색해 줘.

전체 품목별 연평균 성장률 보여 줘.
성장률이 높은 품목의 최근 5년간의 매출 변화 추이를 시각화해 줘.
최근 5년간 총매출 기준으로 성장률이 높은 품목이 차지하는 비중을 분석을 해 줘.

ChatGPT-Data Analyst
분석함
(중략)
폴리감마글루탐산, 홍국, 식이섬유, 단백질 등의 품목은 높은 성장률을 보였으며, 특히 건강기능식품 시장에서 빠르게 성장하고 있는 품목들입니다.
(중략)
최근 5년간 총매출 기준으로 성장률이 높은 품목들(폴리감마글루탐산, 홍국, 식이섬유, 단백질)이 전체 매출에서 차지하는 비중은 약 2.28%입니다. 이는 해당 품목들이 전체 건강기능식품 시장에서 아직 상대적으로 작은 비중을 차지하고 있음을 나타내며, 성장률은 높지만 매출 규모는 비교적 작을 수 있음을 시사합니다.

이러한 분석 결과에서 성장률이 높은 품목을 찾았지

만 매출 비중이 낮은 문제를 발견했다. 이런 문제를 포함해 분석 결과를 보고서로 만들어 보자.

챗GPT-Data Analyst에서 보고서 작성하기

시각화 분석의 결과를 바탕으로 챗GPT에 보고서 작성 및 추가적으로 슬라이드 제작을 요청해 보자.

프롬프트

지금까지 최근 5년간의 건강기능식품 매출액에 대한 분석을 수행했다. 이를 바탕으로 신제품 개발 아이디어를 찾는 보고서를 작성해 줘.
건강기능식품에 대한 데이터 분석 결과 중 다음의 시각화 차트를 넣고 의미를 파악해서 신제품 아이디어를 도출하고, 그 결과를 보고하는 프레젠테이션 슬라이드를 만들려고 해. 총 10장으로 슬라이드에 들어갈 내용을 만들어 줘.

ChatGPT-Data Analyst
분석함
보고서: 최근 5년간 건강기능식품 매출액 분석을 바탕으로 한 신제품 개발 아이디어
(중략)

이 보고서는 분석 결과를 바탕으로 신제품 개발에 대한 아이디어를 제안합니다.

(중략)

프레젠테이션 슬라이드 내용 (총 10장)

(중략)

아래에 건강기능식품 데이터 분석을 통한 신제품 개발 아이디어 보고서의 내용을 텍스트 형식으로 정리해 드리겠습니다. 이 내용을 사용하여 로컬에서 문서를 작성하시면 됩니다.

이와 같이 챗GPT가 작성해준 기초적인 결과 보고서와 슬라이드를 기반으로 분석자가 직접 보고서와 프레젠테이션 슬라이드를 수정 및 보완할 수 있다. 여기서는 이 역시 AI에 요청하고자 한다.

AI를 활용한 프레젠테이션 슬라이드 제작

분석 결과와 보고서를 바탕으로 프레젠테이션 슬라이드를 제작하는 과정에서도 감마(Gamma)와 같은 AI 프레젠테이션 도구를 활용할 수 있다.

챗GPT가 제공해 준 슬라이드 파일(프레젠테이션 슬라이드 내용.docx)을 감마에 업로드한 다음 슬라이드를 자동으로 생성하면 된다. 생성된 슬라이드를 검토하고 수정한다. 완성된 프레젠테이션을 파워포인트 등의 형식으로 내보내면 된다(3p2b9w3ir7w7yrj.pptx).

AI가 생성한 프레젠테이션은 기본적인 구조와 내용을 제공하지만, 최종적인 편집과 수정은 사용자가 직접 해야 한다. 예를 들어 폰트 조정, 이미지 교체, 핵심 메시지 강조 등의 작업이 필요할 수 있다. 파워포인트에서 직접 편집을 통해 최종적인 프레젠테이션 자료를 완성하면 된다(건강기능식품 데이터 분석을 통한 신제품 개발 아이디어 보고서.pptx).

이와 같은 데이터 분석 및 시각화, 그리고 보고서 작성 및 프레젠테이션 슬라이드 제작에 사용 및 생성한 파일은 구글 드라이브에서 다운로드 가능하며, 챗GPT-Data Analyst에서 작업한 채팅 내역은 공유 URL(https://bit.ly/3X7QNIm)을 통해, 감마에서 작업한 내용은 공유 URL(https://bit.ly/4cFoF5m)을 통해 전체 내용을 볼 수 있다. 데이터 분석 결과의 일부는 부록 10에 수록했다.

데이터 시각화는 단순한 데이터 표현 그 이상의 가치를 지니며, 이를 통해 얻은 인사이트는 비즈니스 전략 수립과 문제 해결에 직접적인 도움을 줄 수 있다. 챗GPT를 활용해 시각화 분석과 보고서 작성의 효율성을 극대화하고, 감마를 활용해 간단하게 프레젠테이션 슬라이드를 제작할 수 있다. 이를 통해 데이터 기반의 문제 해결 및 의사 결정을 실현할 수 있다. 따라서 데이터를 효과적으로 시각화하고, 이를 바탕으로 명확한 결론을 도출하는 역량을 갖추는 것이 중요하다.

참고문헌

국가통계포털.
https://kosis.kr/statHtml/statHtml.do?orgId=145&tblId=DT_145010_009&conn_path=I3

구자룡(2024). 『데이터 마인드 기르는 습관』. 좋은습관연구소.

앤드류 아벨라(Andrew Abela)의 차트 선택 도구.
https://extremepresentation.com/wp-content/uploads/6a00d8341bfd2e53ef0263ec2ab026200c.jpg

이상석(2023). 『데이터 드리븐 리포트』. 한빛미디어.

존 스노(John Snow)의 콜레라 지도.
https://upload.wikimedia.org/wikipedia/commons/2/27/Snow-cholera-map-1.jpg

1 dataset 100 visualizations.
https://100.datavizproject.com/#

ChatGPT.
https://chatgpt.com/share/777cc0c8-6182-4469-954c-c2817691abf0

Duarte, N.(2019). *Data story: Explain data and inspire action through story*. Ideapress Publishing. 권혜정 옮김(2021).

『데이터 스토리 - 데이터를 설득력 있는 이야기로 바꾸는 방법』. 한빛미디어.
Gamma. https://gamma.app/docs/-3p2b9w3ir7w7yrj
Kashiwagi, Y.(2019). *Data katsuyojutsu. Shoeisha*. 강모희 옮김(2021). 『빅데이터 시대, 성과를 이끌어 내는 데이터 문해력』. 프리렉.
Nagata, Y.(2020). *Data visualization design*. SB Creative. 김연수 옮김(2021). 『데이터 시각화 디자인』. 위키북스.

부록

부록 1. GPT 데이터 분석 사용 방법

챗GPT의 GPT 모델 중 'Data Analyst'는 고급 데이터 분석(ADA) 기능이 탑재되어 있다. 'Data Analyst'의 프롬프트에서 채팅을 시작하면 데이터 분석이 이루어진다.

AI를 활용하는 데이터 분석 프로세스

일반적인 데이터 분석 프로세스와 크게 다르지는 않다. 기존의 엑셀 등 통계 소프트웨어에서 데이터 분석을 하는 경우에 먼저 데이터 불러오기를 하듯이 챗GPT 등 AI 도구에서도 분석하고자 하는 데이터를 프롬프트에 업로드 하면 된다.

그리고 AI가 데이터를 인지할 수 있도록 탐색시키는 절차를 먼저 수행하면 된다. 이후 순서는 동일하다. 다만, 통계 소프트웨어는 분석에 관련된 의사 결정을 분석가가 선택하지만, AI 도구에서는 AI가 이를 자동화한다. 필요한 경우에 관여해 구체적인 분석 요청을 하면서 원하는 분석 결과가 나오도록 작업을 수행시키면 된다.

AI 활용 데이터 분석 프로세스는 다음 그림과 같다.

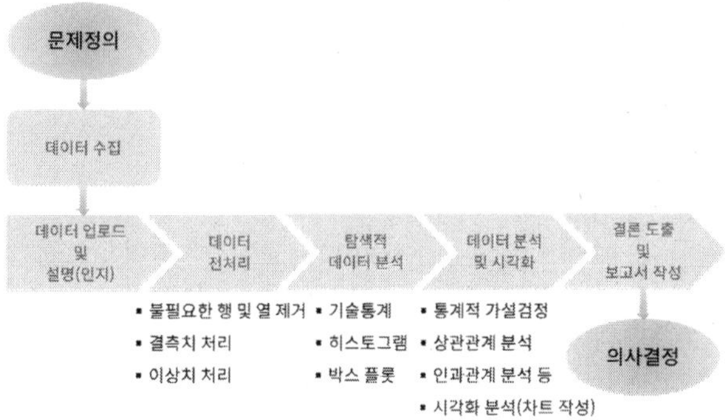

AI를 활용한 데이터 분석 시 고려 사항

챗GPT와 같은 AI를 분석 도구로 활용하는 경우에는 몇 가지 고려할 사항들이 있다.

첫째, AI의 분석 결과를 맹신하면 안 된다. 특히 데이터 분석 초심자일수록 주의가 필요하다. 결과를 충분히 검토하지 않고 활용 시 부작용이 발생할 수 있다.

둘째, 전문 지식과 경험을 바탕으로 AI와 협업하면 보다 좋은 결과를 얻을 수 있다. 도메인 이해도, 통계 역량, 업무 맥락을 고려해여 분석을 수행해야 한다. AI에게 모든 것을 맡기기보다 전문성을 활용해 협업해야 한다.

셋째, 데이터 분석에 정답은 없음을 인지해야 한다. 분석가의 가설과 이를 뒷받침하는 데이터 패턴이 핵심이다.

마지막으로 데이터 분석을 위한 프롬프트 엔지니어링이 필요하다. 단계별로 수행(step by step)하고, 명확한 단어로 구체적으로 지시해야 한다. 업로드 할 파일의 내용을 반영한 파일명을 영어로 작성(추천)한다. 업로드한 데이터를 간략하게 설명하고 분석을 시작한다. 데이터 전처리를 요청한 경우에는 원본과 확인해 정확하게 처리가 되었는지 확인해야 한다.

부록 2. 웹 스크래핑 데이터: 자동차 판매 실적

다나와자동차의 자동차백과 웹페이지의 자료를 웹 스크래핑으로 데이터 수집 후 전처리한 결과의 일부를 표로 정리했다.

순위	모델	판매량	점유율	이미지 URL
1	쏘렌토	85987	5.3%	https://autoimg.danawa.com/photo/4563/model_200.png
2	디 올 뉴 그랜저	83462	5.1%	https://autoimg.danawa.com/photo/4188/model_200.png
3	스포티지	72964	4.5%	https://autoimg.danawa.com/photo/4069/model_200.png
4	디 올 뉴 싼타페	68872	4.2%	https://autoimg.danawa.com/photo/4435/model_200.png
5	포터2	67226	4.1%	https://autoimg.danawa.com/photo/1901/model_200.png
6	카니발	56030	3.4%	https://autoimg.danawa.com/photo/4586/model_200.png
7	더 뉴 아반떼	55085	3.4%	https://autoimg.danawa.com/photo/4455/model_200.png
8	셀토스	53096	3.2%	https://autoimg.danawa.com/photo/4391/model_200.png
9	봉고 3	45525	2.8%	https://autoimg.danawa.com/photo/3772/model_200.png
10	캐스퍼	44913	2.7%	https://autoimg.danawa.com/photo/4086/model_200.png
11	쏘나타 디 엣지	43451	2.7%	https://autoimg.danawa.com/photo/4466/model_200.png
12	레이	41148	2.5%	https://autoimg.danawa.com/photo/4402/model_200.png
13	스타리아	39166	2.4%	https://autoimg.danawa.com/photo/4014/model_200.png
14	New GV80	32980	2.0%	https://autoimg.danawa.com/photo/4465/model_200.png
15	더 뉴 투싼	28650	1.7%	https://autoimg.danawa.com/photo/4592/model_200.png

(automobile_sales_cleaned.csv)

부록 3. 전처리된 건강기능식품 판매 데이터

국가통계포털에서 다운로드 한 데이터 파일에 대한 전처리 결과의 일부를 표로 정리했다.

품목별	2018	2019	2020	2021	2022
비타민 및 무기질	248353287	270142098	298846590	335408567	460563526
식이섬유(보충용)	18906283	1656229	435364	291316	1925935
단백질	7774877	28312760	40531956	57422709	170139145
필수지방산	912487	818250	981245	977542	1861549
인삼	20539526	21436823	11057172	9605286	11355298
홍삼	1109550597	1059797470	1060887944	1047199019	984816249
엽록소 함유 식물	359485	286971	235299	303032	213162
클로렐라	8849427	7029585	8972494	7046397	6663698
스피루리나	6661822	6306446	6861458	3951338	7940632
녹차추출물	22062673	15107336	23607687	20965484	32369542
알로에	47779242	49618707	48655653	54344685	47820381
프로폴리스추출물	13272138	16390099	35217492	27847167	36372587
코엔자임Q10	11421438	9215659	13338779	23776154	19730462
대두이소플라본	9946254	5958875	1378809	2086142	1504776
구아바잎 추출물	49795	40442	2607	23586	0
바나바잎 추출물	1438770	992450	1568901	2946010	4240101
은행잎 추출물	9094203	7737289	8478134	9843708	10469558
밀크씨슬 추출물	82331907	45118848	41078740	48644687	61820337
달맞이꽃종자 추출물	56153	362465	480745	476379	145700

(processed_health_supplements_sales.csv)

부록 4. 탐색적 데이터 분석의 분석 결과

성별 및 연령대에 따라 건강기능식품에 대한 만족도

챗GPT가 성별 및 연령별 만족도를 막대그래프로 작성한 시각화 결과물이다. 전반적으로 남성보다 여성의 만족도가 높고, 특히 여성 20대의 만족도가 높은 것을 알 수 있다(가상의 설문 조사 결과임).

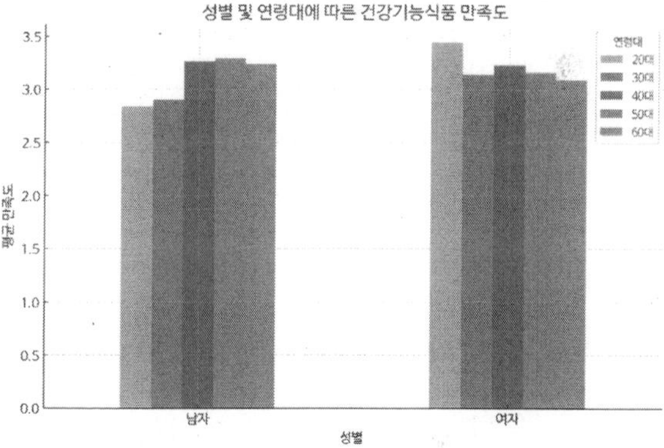

위 차트는 성별 및 연령대에 따른 건강기능식품 만족도를 보여줍니다. 차트에서 각 성별과 연령대별로 건강기능식품에 대한 평균 만족도가 어떻게 다른지 확인할 수 있습니다.

연령 변수에 대한 박스플롯

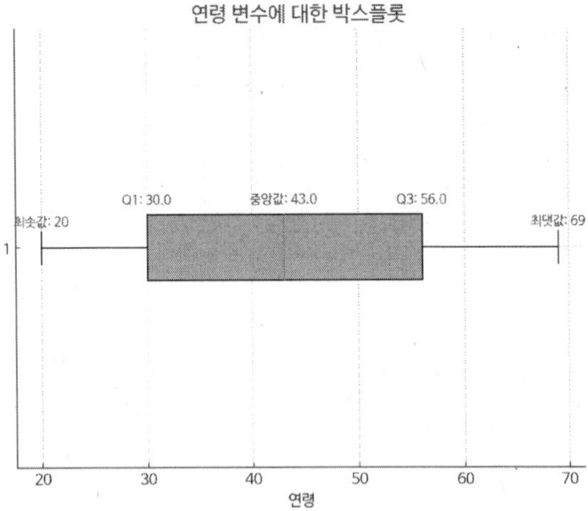

위 박스플롯에 추가된 값들을 통해 연령 변수의 분포를 더 구체적으로 이해할 수 있습니다. 각 값의 의미를 설명하겠습니다.

중앙값(Median): 중앙값은 43세로, 데이터의 중앙에 위치하는 값입니다. 즉, 응답자 중 절반은 43세 이하, 나머지 절반은 43세 이상입니다.

이 박스플롯을 통해, 응답자의 연령 분포가 대체로 30세에서 56세 사이에 집중되어 있음을 확인할 수 있습니다. 중앙값이 박스의 중앙에 위치해 있어, 연령 분포가 비교적 균형 잡혀 있음을 알 수 있습니다.

변수들 간의 상관관계 히트맵

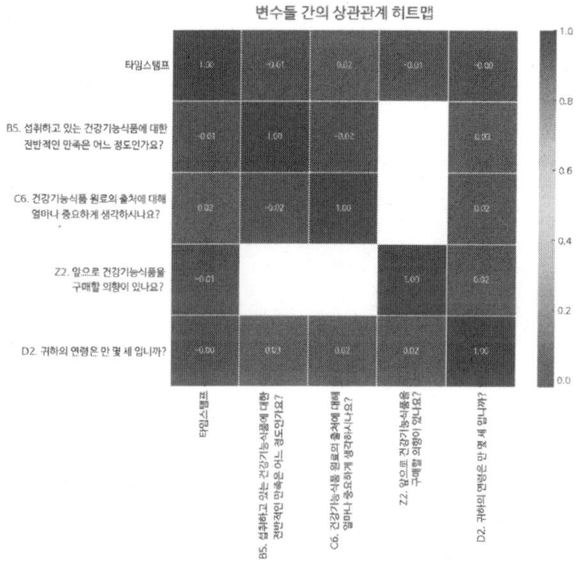

위 히트맵은 변수들 간의 상관관계를 시각적으로 나타낸 것입니다. 색깔이 진할수록 상관관계가 강한 것을 의미하며, 양의 상관관계는 붉은색, 음의 상관관계는 푸른색으로 표현됩니다. 상관계수 값이 표시되어 있어, 각 변수 간의 상관관계를 직관적으로 파악할 수 있습니다.

히트맵을 통해 대부분의 변수들이 서로 거의 상관관계가 없음을 다시 확인할 수 있습니다.

부록 5. A/B/C 테스트 분석의 분석 결과

3개의 프로모션 대안에 대한 테스트 결과, 프로모션 1의 평균이 가장 높은 것으로 나타났다.

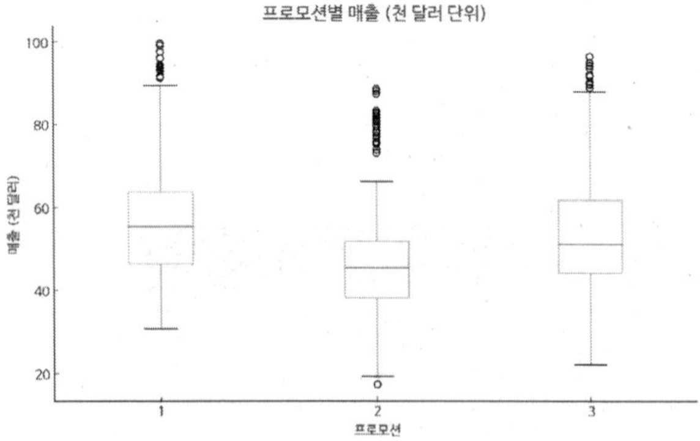

위의 박스플롯(Boxplot)은 프로모션별 매출 분포를 시각화한 것입니다. 각 프로모션에 따른 매출의 중앙값, 1사분위수(Q1), 3사분위수(Q3), 그리고 이상치(outlier)를 확인할 수 있습니다.

이 시각화를 통해 프로모션 2가 상대적으로 낮은 매출을 보이며, 프로모션 1과 3은 유사한 범위 내에서 매출이 발생하지만 프로모션 1이 약간 더 높은 매출을 보이는 경향이 있다는 것을 확인할 수 있습니다.

부록 6. 상관관계 분석의 분석 결과

모든 변수 간의 상관관계 분석 및 히트맵

음료 등 가공 식품과 즉석(신선일부) 식품, 평균 기온과 강수량 간에는 상관이 강한 것으로 나타났다.

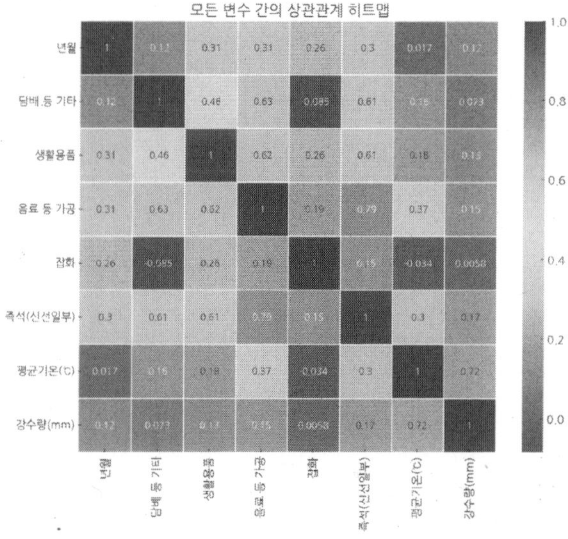

위 히트맵은 데이터의 모든 변수 간 상관관계를 보여줍니다. 각 변수 간의 상관관계를 시각적으로 확인할 수 있으며, 색상이 진할수록 두 변수 간의 상관관계가 강하다는 것을 나타냅니다.

각 매출 항목의 계절적 패턴 및 차트 비교

즉석(신선일부) 식품의 경우에 3월과 4월에 전월 대비 증가 비율이 높은 것으로 나타났다.

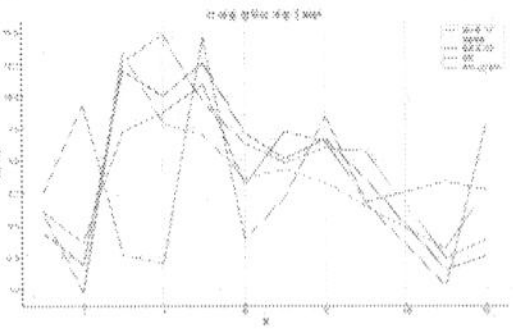

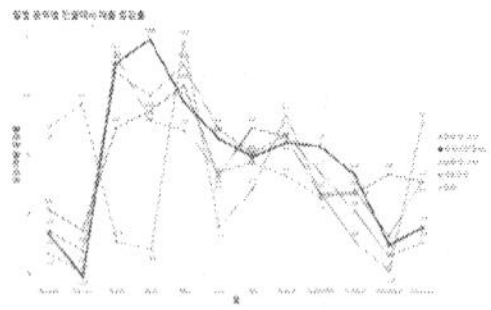

위 그래프(왼쪽)는 각 매출 항목의 월별 평균을 기반으로 한 계절적 패턴을 보여줍니다. 이를 통해 각 항목이 특정 시기에 어떻게 변화하는지, 계절적 영향을 받는지 확인할 수 있습니다. 특정 매출 항목이 어떤 시기에 상승하거나 하락하는 경향이 있는지 시각적으로 파악할 수 있습니다.

챗GPT에서 분석한 위의 차트가 정확하게 작성되었는지 확인하기 위해 파워 BI(Power BI, 마이크로소프트사의 비즈니스 인텔리전스를 위한 시각화 분석도구)에서 시각화해 보았다. 결과는 동일한 것으로 나타났다(오른쪽 월별 품목별 전월대비 매출 증감률 차트 참조).

부록 7. 판매 예측 모델 템플릿

광고비에 의한 판매 예측 모델링을 통해 다음 의사결정을 위한 예측 시뮬레이션을 해볼 수 있다.

아래 표에서 옵션 1은 광고비를 투입하지 않았을 때의 예측된 판매량이며, 옵션 2와 옵션 3은 동일 광고비 예산으로 광고 매체별로 다르게 예산을 투입할 경우의 예측된 판매량이다.

옵션을 조정함으로써 예측된 판매량을 최대화할 수 있는 최적의 예산 투입을 고려할 수 있다(예측된 판매량 산식은 엑셀 파일 참조).

항목	값 (베타계수)	옵션1	옵션2	옵션3
상수	0.08870			
TV	2.00111	0	300	200
Billboards	2.99804	0	400	600
Google_Ads	1.49974	0	500	100
Social_Media	2.50002	0	200	200
Influencer_Marketing	1.19984	0	100	100
Affiliate_Marketing	3.99892	0	300	600
예측된 판매량		0.1	4369.2	5368.4
광고비 합계		0	1800	1800

(prediction_model.xlsx)

부록 8. 군집화 분석의 분석 결과

클러스터 시각화 결과

최적 클러스터 수인 5개로 시각화한 결과 차트다.

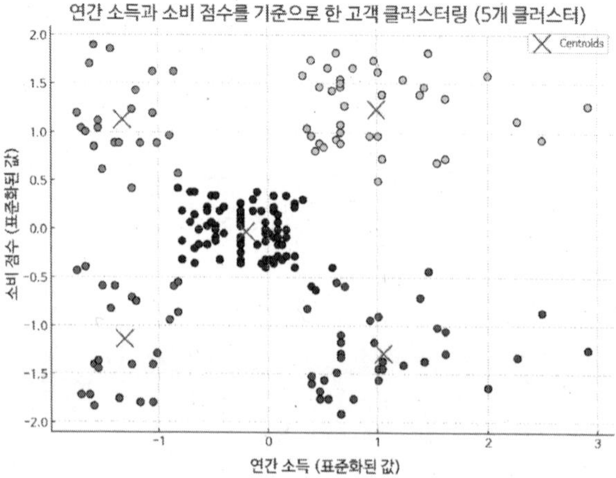

5개의 클러스터를 기반으로 고객을 분류한 결과를 시각화하였고, 각 클러스터의 평균적인 특성을 요약한 표를 제공합니다. 이 표를 통해 각 클러스터의 연령, 연간 소득, 소비 점수와 같은 주요 지표들이 어떻게 분포되어 있는지 확인할 수 있습니다.

Cluster	Age	Annual Income (k$)	Spending Score (1-100)
0	42.7	55.3	49.5
1	41.1	88.2	17.1
2	45.2	26.3	20.9
3	25.3	25.7	79.4
4	32.7	86.5	82.1

고객 프로파일링 결과

고객 프로파일 데이터를 CSV 파일로 저장한 후 보기 편하도록 엑셀에서 일부 편집했다. 클러스터별 특성이 요약되어 있는 표다.

Cluster	0	1	2	3	4
평균 나이	42.7	41.1	45.2	25.3	32.7
최소 나이	18	19	19	18	27
최대 나이	70	59	67	35	40
평균 연간 소득 (k$)	55.3	88.2	26.3	25.7	86.5
최소 연간 소득 (k$)	39	70	15	15	69
최대 연간 소득 (k$)	76	137	39	39	137
평균 소비 점수	49.5	17.1	20.9	79.4	82.1
최소 소비 점수	34	1	3	61	63
최대 소비 점수	61	39	40	99	97
성별 최빈값	Female	Male	Female	Female	Female

클러스터별 고객 프로파일링 결과를 표로 정리했습니다. 각 클러스터의 평균 나이, 연간 소득, 소비 점수, 그리고 성별의 최빈값을 포함한 주요 특성을 요약한 것입니다.

부록 9. 텍스트 데이터 분석의 분석 결과

상위 5개 호텔에 대한 감정 유형별 리뷰 분포 (백분율)

대체로 중립 의견이 많지만 일부 부정적인 의견도 있다는 것을 알 수 있다.

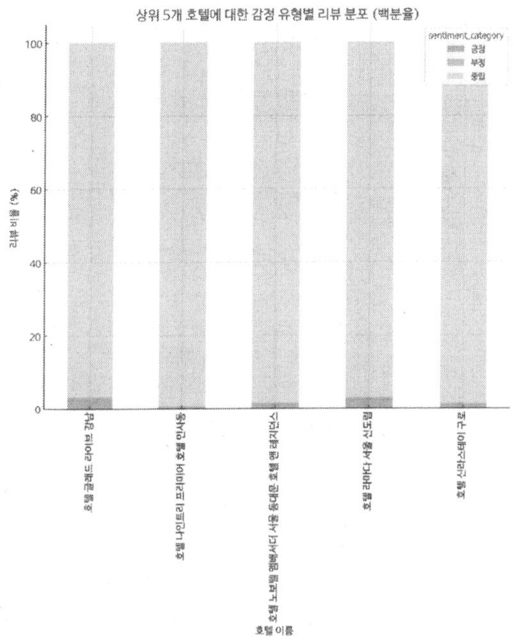

위 그래프는 상위 5개 호텔에 대한 감정 유형별 리뷰 분포를 백분율로 시각화한 것입니다. 각 호텔에서 긍정, 중립, 부정

감정 리뷰가 전체 리뷰에서 차지하는 비율을 확인할 수 있습니다.

호텔 G의 서비스 개선 방안

챗GPT가 제안한 서비스 개선 방안을 표로 정리했다.

항목	현황	개선 방안
맞춤형 고객 서비스 제공	고객 리뷰에서 "친절함"과 "서비스"가 긍정적으로 언급되었습니다. 그러나 일부 리뷰에서 서비스의 세부적인 부분에 대한 아쉬움도 나타났습니다.	개인화된 서비스: 고객의 취향과 필요에 맞춘 개인화된 서비스를 제공합니다. 예를 들어, 자주 방문하는 고객이나 장기 투숙객에게는 특별한 맞춤형 서비스를 제공하여 고객 충성도를 높일 수 있습니다. 실시간 피드백 시스템: 투숙 중 실시간으로 고객의 피드백을 받을 수 있는 시스템을 도입하여, 즉각적인 서비스 개선과 고객 만족도를 향상시킬 수 있습니다.
고급 조식 서비스 확대	리뷰에서 "조식"이 긍정적으로 언급되었으나, 일부 고객은 선택의 다양성이나 품질에 아쉬움을 표했습니다.	프리미엄 조식 옵션 도입: 기본 조식 외에 프리미엄 조식 옵션을 추가하여, 다양한 고객층의 요구를 충족시킬 수 있습니다. 예를 들어, 지역 특산물을 활용한 메뉴나 건강을 고려한 식단 등을 제공할 수 있습니다. 테마 조식 이벤트: 계절별, 테마별 조식 이벤트를 통해 고객에게 특별한 경험을 제공합니다. 예를 들어, 한 달에 한 번 지역의 유명 셰프를 초청해 특별한 조식 메뉴를 제공하는 이벤트를 기획할 수 있습니다.

레저 및 휴식 공간 강화	리뷰에서 "수영장"과 같은 부대시설에 대한 긍정적 언급이 있었지만, 일부 고객은 더 다양한 시설이나 프로그램을 기대하는 것으로 보입니다.	수영장 및 피트니스 프로그램 확장: 수영장 외에도 요가 클래스, 피트니스 트레이닝 세션 등 다양한 운동 프로그램을 제공하여 고객의 레저 활동 선택지를 넓힙니다. 이와 함께, 시설 내에서 다양한 웰니스 프로그램을 제공할 수 있습니다. 자연 친화적 공간 조성: 호텔 내 혹은 주변에 작은 정원이나 테라스 공간을 조성해, 고객이 도심 속에서도 자연과 함께 휴식할 수 있는 공간을 마련합니다. 이러한 공간에서의 명상 프로그램이나 아침 요가 클래스 등을 추가할 수 있습니다.

부록 10. 시각화 및 보고서 작성의 분석 결과

전체 품목의 연평균 성장률 (2018-2022)

건강기능식품에 대한 전체 품목의 연평균 성장률에서 뮤코다당 단백, 폴리감마글루탐산, 홍국, 식이섬유, 단백질 등이 가장 높게 나타났다. 다만 매출액이 0에서 시작하거나 급격히 증가한 경우, 연평균 성장률이 매우 높게 나타날 수 있다는 점에 유의해야 한다.

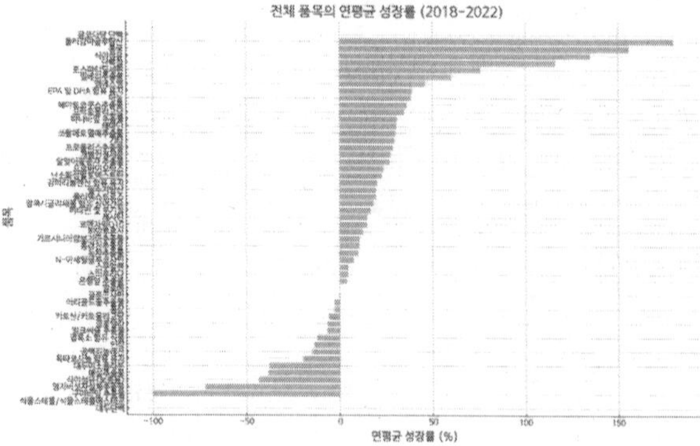

뮤코다당 · 단백은 매출액이 0에서 시작하여 매우 높은 성장률을 기록했습니다. 초기 매출액이 없는 경우 성장률이 무한대로 계산될 수 있습니다.

폴리감마글루탐산, 홍국, 식이섬유, 단백질 등의 품목은 높은 성장률을 보였으며, 특히 건강기능식품 시장에서 빠르게 성장하고 있는 품목들입니다.

최근 5년간 총매출 기준 매출 규모 순위

최근 5년간의 총매출 기준으로 홍삼, 개별인정제품, 프로바이오틱스 등이 전체 매출에서 차지하는 비중이 매우 큰 것으로 나타났다.

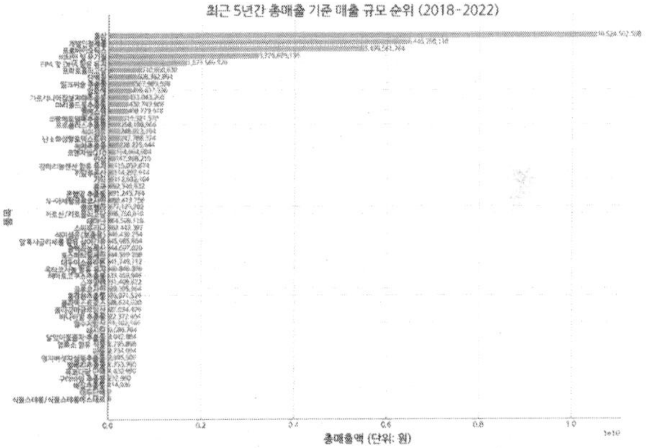

위 그래프는 최근 5년간(2018-2022) 전체 품목의 총매출액을 매출 규모 순으로 정렬하여 시각화한 것입니다. 각 막대에는 해당 품목의 총매출액이 표시되어 있어 매출 규모를 쉽게 비교할 수 있습니다.

구자룡

데이터 기반 비즈니스 컨설팅 전문기관인 밸류바인의 대표이며, 데이터 분석가, 마케팅 컨설턴트, 칼럼니스트로 활동하고 있다. 마케팅 전공의 경영학 박사이며, 정보처리기사1급과 빅데이터전문가1급 자격증이 있다. 주요 저서로 『데이터 마인드 기르는 습관』(2024), 『직장 없는 시대의 브랜딩』(2022), 『지금 당장 마케팅 공부하라』(2019), 『마케팅 리서치』(2017), 『시장조사의 기술』(2006) 등이 있다. 국가공무원인재개발원, 한국금융연수원, 한국생산성본부, 삼성전자, 농협, BNK금융그룹, 코스콤, 한국수자원공사 등에서 데이터 리터러시, 데이터 기반 문제해결, 빅데이터 분석 관련 강의를 하고 있다. ≪통계의 창≫에 데이터 리터러시 관련 칼럼을 연재하고 있다.